# "왕따" 청소년을 위한 사회기술훈련

주의력결핍과잉 행동장애와
경도 정신지체 청소년을 중심으로

오 영 림 저

圖書出版 하나醫學社

## "유난히 크고 초록빛을 발하는 나무가 있었습니다."

"어떤 이"의 집에서 창문을 열고 바라보는 앞산에는 말입니다.
그래서 "어떤 이"는 그 나무를 자신의 정원으로 옮기기로 했습니다. 위치를 정확히 파악하고 앞산을 헤매고 다녀도 그 나무는 찾을 수가 없었습니다.

그래서 "어떤 이"는 포기를 하고 대신 앞산 전체를 자신의 정원으로 생각하기로 했습니다. 어느날 "어떤 이"가 폭넓은 시야로 바라본 앞산에는 애초부터 그렇게 크고 초록빛을 발하는 나무는 없다는 것을 알게 되었습니다. 단지 그 나무는 절묘하게 배열된 위치에 따라, 이웃 나무의 나뭇잎에 반사된 햇빛의 각도에 따라 유난히 두드러지게 보였을 뿐이었습니다.

이렇듯 구성원 하나하나가 모여 멋있는 앞산도 만들고 두드러지게 큰 나무도 만들어 내는 것입니다.

우리는 지금 멋있는 나무 한 그루를 만들었습니다. 그 나무를 만들기 위해 수고 해준 많은 나무들을 소개하고자 합니다.

♠나무 한 그루, 황 은혜 선생님 (2001년, 상계 백병원 정신보건 수련 사회복지사 /
현 전성일 신경정신과 정신보건 사회복지사)
♠나무 한 그루, 박 성주 선생님 (상계 백병원 학습장애 클리닉 운동치료사/
현 전성일 신경정신과 운동치료사)
♠나무 한 그루, 이 경원 선생님 (상계 백병원 학습장애 클리닉 미술치료사)
♠나무 한 그루, 박 은미 선생님 (미술 치료사)
♠나무 한 그루, 장 호정 선생님 (다,복,솔 음악 치료센타 음악치료사)
♠나무 한 그루, 정 선미 선생님 (2001년 상계 백병원 정신보건 수련 사회복지사 /
현 성남시 정신보건센타 정신보건 사회복지사)
♠나무 한 그루, 지 경주 선생님 (2002년 상계 백병원 정신보건 수련 사회복지사 /
현 연세 로뎀 신경 정신과 정신보건 사회복지사)
♠나무 한 그루, 배 은경 선생님 (2002년 상계 백병원 정신보건 수련 사회복지사 /
현 가족사랑 신경정신과 정신보건 사회복지사)
♠나무 한 그루, 신 희성(음악치료사), 장 은경(미술치료사), 이 숙희(미술치료사)선생님
♠나무 한 그루, 서울여대 사회사업학과 및 기타 과 학생들, 한국성서대 사회복지학과
학생들, 삼육대 사회복지학과 학생들, 덕성여대 사회복지학과 학생들

# 머리말

**"경도 정신지체와 주의력 결핍 과잉행동 장애"**

처음 프로그램을 준비하면서 증상적으로 볼 때 너무나 다른 두 집단이 함께 참여하는 것이 효과가 있을까란 생각이 들었다. 사실 두 가지 증상을 모두 가지고 힘들어하는 중복장애 대상군들이 있어서 초기 프로그램 결성이 가능했지만 프로그램이 활성화되면서 중복적 장애와 함께 두 가지 중 한 가지 장애로 어려움을 느끼는 대상도 포함하게 되었다.

이런 과정은 전성일 선생님이 계셔서 가능한 일이었다.

그룹의 성격에 맞게 유사한 증상으로 팀을 형성하고, 프로그램 중에 대두되는 문제들에 대해서 자문을 아끼지 않으셨음을 감사드린다.

또한 이 프로그램은 이들의 문제를 Empowerment 관점에서 보았기에 가능했다. Empowerment 관점이란 개인, 가족, 지역사회가 그들의 환경에 대한 통제력을 얻고, 그들 자신의 목표를 달성하여 환경의 변화를 개선하도록 그들을 원조하는 과정으로서, 그들이 갖고 있는 강점과 긍정적인 속성을 증가시키는 것을 말한다. 즉 문제중심으로 보지 않고 이들이 잘하는 장점이 무엇인지, 서로에게 어떤 긍정적인 영향을 줄 수 있을지가 관심의 초점이 되었다.

한 예로 경도 정신 지체 청소년이 있었다. 어느 누구도 그가 말을 하지 않으면 지적 기능이 낮은지 알 수 없을 정도로 그는 시키지 않아도 알아서 움직였고, 눈치껏 일을 했다. 그러나 그는 학교에서는 주의가 산만하여 선생님께 지적을 많이 받았으며 급우들에게 따돌림을 당하고 얻어맞기도 하고 또 자신이 저학년 아이들을 때리기도 하였으며, 집에 오면 부모에게 화풀이를 하고 물건을 집어 던지기까지 했다.

그는 면담과정에서 "자신이 이해를 잘 못한다는 것이 싫어서, 모자란다고 놀림 받기 싫어서" 항상 긴장하고 다른 사람을 경계한다고 이야기를 했다. 사람들이 "바보"라고 손가락질 하고 놀릴 것만 같다고 했다.

아이를 문제아로만 보았던 부모는 면담과정에서 "얘는 이해력도 떨어지고 성질이 나면 못 참는다, 아무리 과외를 시켜도 학교 공부를 따라가지 못한다"고 하소연하였다. 과연 그의 부모님은 사람들 앞에 서면 모자란 것을 들키지 않으려고 잔뜩 긴장하고 있는 그 학생의 괴로움을 이해하셨을까?

여기서 우리는 그가 산만하고 지능이 낮다는 문제점만 보다가, 그가 갖고 있는 장점을 놓치기가 쉽다. 그는 굉장히 눈치가 빨랐다. 아마 자기 나름대로의 "바보"라는 말을 안 듣기 위한 생존전략이었을 것이다. 그것이 그 아이의 큰 장점이란 것을, 집단프로그램을 하기 전에는 그 자신도 주위의 누구도 알지 못 했다. 프로그램을 시작하면서 아이는 굉장히 빠른 눈치를 활용해 구성원들을 챙겼고 구성원 사이에서 인기가 좋았다. 프로그램을 통해 긍정적인 피드백을 많이 받고, 위축되거나 눈치 보지 않으며 자신의 생각을 이야기하는 훈련을 하면서 그는 자신감을 갖게 되었고 집에서 짜증도 덜 내고 결국 팀 내에서도 리더의 역할을 하게 되었다. 그는 프로그램 종료 후에도 주기적으로 곤란한 일이 있을 때면 의논하러 왔었고 특히 그가 마지막으로 와서 한 말을 잊을 수가 없다. "선생님 제가 머리가 나빠서 대학은 못가구요, 대신 제가 사람이 많이 따르니까 졸업하면 분식집 하려구요. 그래서 이번 방학부터 분식집에서 서빙 아르바이트 하려구요. 머리 안 쓰고 몸 쓰는 일은 자신 있거든요!" 결코 자괴감이 섞인 말이 아닌, 나름의 결심이 담긴 그 말이 아주 힘 있게 느껴졌다.

우리가 그에게 프로그램에서 아주 거창하고 특별한 것을 제공한 것은 없었다. 단지 일반 청소년들이 그시기에 고민하는 문제나 내용을 이들이 이해하기 쉽게 조금 변형을 했을 뿐이다. 그가 갖고 있는 그의 장점을 부각시켜주고 개발해 주고, 문제점이 생겼을 때 해결하는 방법을 함께 고민했을 뿐이다. 그러나 일반적인 내용을 이들이 이해하기 편한 프로그램으로 변형하는 작업은 쉽고 간단한 작업은 아니었음을 밝혀두고 싶다.

궁극적으로 이 프로그램은 한 사람을 사회에 잘 적응시키는 것이 목적이라고 할 수 있다. 사회의 구성원으로 자기의 몫을 다하고 긍정적인 피드백을 받고 또 다른 사람에게 피드백을 보내고, 설령 부정적인 피드백을 받아도 그것을 스트레스로 받아들이지 않고 적절하게 잘 처리하는 훈련을 한다고 보면 좋을 것이다.

대상 청소년을 만나면서 느낀 아쉬움이 있다면 이들은 특수학교에서 교육받기도 어렵고 일반학급에서 적응하기에도 많은 어려움이 있다는 것이다. 이들이 이용할 수 있는 시설이나 프로그램 또한 많지 않고 부모들도 이들의 문제를 제대로 이해 못하는 경우가 많으며, 문제로 인식하지 않기에 병원까지 오는 것도 쉬운 일이 아니었다. 물론 대상 청소년이 모두 병원에 와야 되는 것은 아니지만 어떤 경우는 문제가 심각해져 행동장애나 불안증이나 우울증, 정신분열증으로 입원하는 경우도 있었다. 또한 이들이 어렵게 고등학교를 졸업하고서 상급학교의 진학이 어려워 취업을 하고 싶어도 마땅한 일자리가 없는 게 현실이다. 따라서 이들이 청소년 시기부터 장기간의 교육을 거쳐 숙달 될 수 있는 직업교육도 필요하다고 생각이 되었다.

그동안의 프로그램 활동들이 이렇게 활자화됨은 많은 분들의 도움이 있어서 가능한 일이었다.

먼저 필자에게 용기를 주시고 도와주신 하나의학사의 오무근 사장님께 감사한 마음을 전하고 어떤 상황에서건 그 상황에 벗어나지 않은 범위에서, 자신의 주관을 잃지 않도록 버팀목이 되어주신 정선영 교수님께도 감사하다고 말씀드리고 싶다.

또한 다른 분야의 생소한 일이지만 언제나 믿어주시고 지지와 격려를 해주신 상계 백병원 정신과의 이정호 교수님, 최영민 교수님, 이기철 교수님, 김봉석 교수님, 이동우 교수님께 감사를 드리며, 정신과 의국원들, 간호사 선생님들, 특수교사 선생님들, 임상심리사 선생님들께도 감사드린다.

더불어 다양한 관점에서 client를 바라볼 수 있도록 지도해 주신 서울여자대학교의 조휘일 교수님, 홍순혜 교수님, 김혜련 교수님, 김경희 교수님, 정재훈 교수님께도 감사를 드린다.

필자의 동료이며 다양한 자극을 통해 함께 커가는 김동희 선생님, 이은진 선생님, 황은혜 선생님, 함께 한 자원봉사자들에게도 감사를 드린다.

그리고 보금자리의 중요성을 언제나 일깨워 주는 나의 가족에게도 감사를 드린다.

다시 한 번 모든 분들께 감사를 드립니다.

2002년 8월

오 영 림

# 목 차


■ **1장. 서 론** · · · 14

1. 생성 배경 · · · 14
2. 프로그램의 필요성 · · · 16

■ **2장. 이론적 배경** · · · 18

1. 프로그램 대상자 · · · 18
2. 프로그램 대상 청소년의 사회성 부진 원인 · · · 22

■ **3장. 프로그램의 소개 및 흐름** · · · 28

1. 프로그램 소개 · · · 28
2. 프로그램의 진행흐름 · · · 30

■ **4장. 프로그램의 구성도 및 세부 설명** · · · 34

1. 프로그램 구성도 · · · 34
2. 프로그램 단계설명 · · · 35
3. 프로그램 조직설명 · · · 37

# 목 차


**5장. 프로그램 소개** · · · · · · · · · · · · · · · · · · · · · · 40

1. 감수성, 사회기술, 생활적응 훈련 · · · · · · · · 40
2. 집중력, 운동, 미술, 음악 프로그램 · · · · · · · 42
3. 싸이코 드라마를 이용한 프로그램 활용 · · · · · 42

**6장. 프로그램 내용** · · · · · · · · · · · · · · · · · · · · · · 44

1. 감수성훈련 프로그램 · · · · · · · · · · · · · · · 44
2. 사회기술훈련 프로그램 · · · · · · · · · · · · · · 90
   1) 사회기술훈련 (1회 - 20회) · · · · · · · · · · 90
   2) 생활적응훈련 (1회 - 22회) · · · · · · · · · · 155
3. 단기 집중력 향상 프로그램 · · · · · · · · · · · 181
4. 운동 프로그램 · · · · · · · · · · · · · · · · · · · 193
5. 미술치료 프로그램 · · · · · · · · · · · · · · · · 202
6. 음악 치료 프로그램 · · · · · · · · · · · · · · · 212
7. 심리극을 활용한 집단 프로그램 · · · · · · · · 222

# 목 차

■ **7장. 프로그램을 위한 제언** · · · · · · · · · · · · · · 230
1. 자원봉사자 제도 · · · · · · · · · · · · · · · · · · 230
2. 텃밭 가꾸기 · · · · · · · · · · · · · · · · · · · · 231
3. 동아리 결성하기 · · · · · · · · · · · · · · · · · · 231
4. 부모자조 모임 · · · · · · · · · · · · · · · · · · · 232
5. 구성원 자치회의 프로그램 · · · · · · · · · · · · 232
6. 직업탐색 프로그램 · · · · · · · · · · · · · · · · 232

■ **부 록** · · · · · · · · · · · · · · · · · · · · · · · · 234
사회적 문제해결 능력검사 · · · · · · · · · · · · · 234
우울형용사 체크리스트 · · · · · · · · · · · · · · · 237
무망감 우울증 질문지 · · · · · · · · · · · · · · · 239
부모-자녀 간 의사소통 질문지 · · · · · · · · · · 241
자아존중감 척도 · · · · · · · · · · · · · · · · · · · 243
자기능력 지각척도 · · · · · · · · · · · · · · · · · 244
자아개념 측정 질문지 · · · · · · · · · · · · · · · 248

# 1장

# 서 론

1. 생성 배경
2. 프로그램의 필요성

# 1장. 서론

## 1. 생성배경

주의력 결핍 과잉행동 장애나 경도 정신지체 장애 등을 부모님이 증상으로 인식하고 소아 · 청소년 외래에 방문하는 것, 치료를 하는 것이 활성화 된 것은 우리나라에서는 역사가 그리 길지 않다고 생각된다.

물론 이들에게 보여 진 여러 증상들이 옛날 어른들의 표현에 의하면 "늦된 아이" "극성맞은 아이" "약간 들 떨어진 아이" "철들면 좋아 진다" 등으로 이야기 되어 지기도 한다.

이들이 주변 사람들에게 그렇게 보여 진 이유는 지적 수행능력의 저하나 주의력 결핍으로 파생되는 문제, 일상생활 수행능력이 떨어지고 순간 대처 능력 등의 문제, 의사소통능력의 문제가 있어서 일 것이다.

예전처럼 단순한 일이나 반복된 일이 주 업무인 농경사회나 컴퓨터 등 기계문명이 발달하기 전의 사회에서는 이들이 생활하면서 점차적으로 학습하고 성취한 능력만으로도 생활에 적응을 할 수 있었을 것이다.

그러나 문명이 발전하고 학습할 것이 많아지고 변화가 급격하게 이루지는 이와 같은 시대에는 "철들면 좋아 진다"는 말로는 위의 증상을 갖고 있는 대상 청소년들을 묵인하기에는 많은 문제가 생긴다.

요즘은 이들의 증상에 대한 인식이 널리 알려져 치료를 위해 병원을 방문하는 경우가 늘고 있지만 대부분의 대상 청소년들은 그들의 주증상의 문제로 파생되는 생활적응이나 정서상이 문제로 병원을 찾는 경우도 많이 있다.

초등학교까지의 학업은 부모의 노력으로 따라 갈 수 있었지만 중학교에 들어오면서 학습의 양이 많아지고 응용을 요하는 부분이 많아지면서 이들의 성적은 급격히 하락하게 되고 부모들은 학교 공부를 따라가지 못하는 청소년들에 대해서 기대치를 낮추지 못해서 부모와 자식간에 문제가 생기기도 한다. 교우관계에 있어서도 지속적으로 친구관계를 유지하는 기술이 서툴고 상대방의 입장에서 상황을 이해하는 능력이 모자라므로 학급에서 왕따를 당하거나 지속적으로 친구 관계를 맺지 못하고 외톨이가 되기도 한다.

이런 이유로 대상 청소년들은 학교를 가기 싫어하고 친구들과 관계를 회피하거나 거부하고 비행청소년이 되기고 한다. 또한 불안, 초조해 하고 충동조절이 되지 않거나 우울증, 자해행위, 대인기피증, 인터넷이나 약물 중독증 등 많은 문제를 보이게 된다.

이들이 병원에 왔을 때 일상생활의 어려움으로 인한 현저히 낮은 자존감과 심리적으로 불안해하거나 우울하기도 하고 충동조절이 되지 않는 문제, 대인관계의 결핍문제, 의사소통의 문제, 일상생활 적응력의 상실 등의 문제로 약물치료와 함께 통합적인 재활치료가 병행되어야 할 상태가 된다. 또한 이들의 부모들은 자식의 증상을 부인하거나 증상으로 받아들이고 기대치를 낮추는데 많이 시간을 필요로 하게 되며 부모 자신이 우울증이 오기도 한다.

## 2. 프로그램의 필요성

위에서도 말했듯이 이런 증상의 청소년은 약물치료와 함께 그들이 속한 사회에 적응할 수 있도록 다각도로 준비 된 통합적 재활치료가 필요하다.

그러나 이들이 치료를 받을 만한 시설이 많지 않는 게 현실적인 문제이다. 특수학교나 조기 교육시설이 적절 할 수도 있지만 특수학교에 가기에는 부모나 청소년 자신의 기대치가 너무 높으며, 조기 교육실 같은 경우 청소년은 대상군에서 제외되는 경우가 대부분이다. 또한 이들이 일반학교에 진학하기에는 수행능력이 낮아서 문제가 발생한다.

또한 청소년 상담소나 지역사회 복지관에서 이루어지는 대인관계훈련이나 청소년 성장프로그램 등은 일반적인 청소년을 대상으로 하기 때문에 이들에게는 부적절하기도 하다.

또한 이들의 상담을 돕는 상담선생님의 숫자도 현저하게 부족한 실정이다.

차선책으로 지역사회복지관에서 이들을 위한 프로그램을 만든다면 우선 일선 담당자의 증상에 대한 교육이 먼저 선행되어야 된다고 본다.

또한 이러한 증상들은 약물치료와 병행되어야 하므로 약의 처방과 함께 전반적인 상담을 맡고 있는 의사와 통합적 재활치료를 담당하는 담당자가 어떤 방법으로 효과적으로 의사소통을 할지도 문제가 될 수 있다.

본 프로그램의 목적은 대상 청소년들이 자신의 갖고 있는 핸디캡을 그들 나름대로의 대처방안을 개발하여 그들이 속한 사회의 구성원으로서 낙오되지 않고 살아가는데 있다.

본 프로그램은 이들을 위한 특수 프로그램을 개발하기 보다는 기존의 일반 청소년을 대상으로 하는 프로그램을 이들의 능력과 증상에 맞게 적절하게 변형하여 활용하였다.

# 2장 이론적 배경

1. 프로그램 대상자

2. 프로그램 대상 청소년의 사회성 부진 원인

# 2장. 이론적 배경

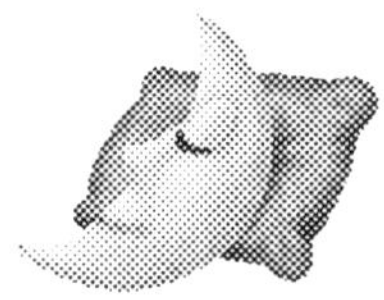

## 1. 프로그램 대상자

### ① 주의력 결핍 과잉 운동장애(Attention Deficit Hyperactivity Disorder) 청소년

주의력 결핍 과잉 운동 장애가 의학 서적에 나타난 것은 19세기 말부터 이지만 현대적 의미에서 기술되기 시작한 것은 1902년부터다. 과거 미세 뇌증후군(minima brain syndrome), 미세 뇌 기능 이상(minimal brain dysfunction)등으로 불려 왔던 이 질환은 집중력 장애(inattention), 과잉 운동(hyperactivity), 충동성(impulsivity)의 증상이 보일 때 진단을 하게 되는데 위의 세 가지 증상군이 혼합되어 있는 아형과 집중력 장애가 우세한 아형, 과잉운동-충동성이 우세한 아형으로 나뉜다.

이 질환은 학동기 아동의 약 5-8%에 해당하는 유병률을 가지고 있으며 중추 신경계의 발달 지연이 중요한 원인으로 부각되고 있는데 수행 기능(executive function)을 비롯한 중추 신경의 인지 기능에 결함이 보고 되고 있다. 이 질환의 중요성은 높은 유병률과 함께 방치했을 경우에 생기는 여러 부정적 발달 결과 때문이다. 우울증과 부정적인 자기 평가 등을 보이게 되고 학습의 부진, 진급이나 진학의 실패, 학교 부적응 등의 문제를 보이지만 무엇보다도 반 수 이상에서 비행 행동을 보이고 상당한 아동에서 청소년기의 비행

장애로 연결된다는 보고가 있으며 도박과 약물 중독의 높은 유병률을 보인다는 점일 것이다.

주의력 결핍 과잉 운동 장애는 많은 공존 질환(comorbid disorders)을 갖는데 우울, 불안, 행동 문제 등이 그것이다. 이는 중추 신경의 발달 문제가 이 질환의 원인이라는 점에서 다른 중추 신경계의 발달에 문제를 동반한다는 것을 이해 할 수 있으며 주의력 결핍 과잉 운동 장애의 부정적 결과일 수 도 있고 이 질환이 선행 증상의 결과로 나타날 수도 있을 것이다.

이런 공존 질환의 문제가 실제 임상에서는 아동의 주된 부적응 문제일 수도 있는데 가장 주목받는 치료인 약물 치료로 충분한 효과를 얻을 수 없을 수가 있다. 최근에는 이 질환의 치료에서 약물 치료의 중요성이 부각되고 있는데 약물 치료는 치료의 중요한 부분이지만 전체적인 치료의 프로그램 중 하나여야 한다는 점이 중요하다.

이 질환 아동의 사회 적응에 실제로 가장 큰 문제를 일으키는 부분이 사회 기능(social skill)이다. 어떤 보고에서는 주의력 결핍 과잉 운동 장애의 약 1/3에서 친구가 없다고 하였다. 실제 이 질환 아동은 다른 사람과 공감 할 수 있는 능력이 저하되어 있거나 사회적 감각이 부족하고 판단력이 부족한 경우가 많이 있다. 또한 이 질환 아동은 언어의 실제 효율성에 문제를 가지고 있기 때문에 자신의 마음과 감정을 잘 파악하지도 못하고 파악해도 적절히 표현하는데도 한계가 있다고 하겠다. 따라서 이런 사회성이 다양한 인지, 언어, 행동 기능의 역동적이고 능동적인 상호 작용 과정의 산물이므로 사회성을 구성하는 각각의 기능을 적절히 평가하고 그 기능을 향상 시켜 주는 사회 기술 증진 프로그램은 이 질환 아동의 치료 구성에서 아주 중요한 부분을 차지하는 것이 당연하다.

실제 임상에서 이 질환을 가지고 있는 아동이나 그 부모님이 가장 고통받고 난감해 하는 것이 주의력 결핍 과잉 운동 장애 자체의 증상보다는 사회성의 부족 때문이라는 사실을 상기하면 약물 치료, 행동 치료와 함께 사회 기술 훈련 프로그램은 이 질환의 중요 치료 프로그램을 구성해야만 할 것이다.

## ② 정신지체(Mental Retardation) 청소년

정신 지체는 인지, 행동, 언어, 사회성 등 거의 모든 분야의 다양한 어려움을 보이는 대표적인 발달 장애이다. 진단 기준상 표준화된 개인 지능 검사로 지능 지수 70이하여야 하고 18세 이전에 문제가 시작되어야 하며 적응 기능의 어려움이 있어야 한다. 따라서 단지 지능 지수만 가지고 정신 지체를 진단하는 것은 옳지 못하다.

정신 지체는 그 정도에 따라서 약한 정도, 중간 정도, 심한 정도, 아주 심한 정도로 나누는데 약한 정도는 교육이 가능하며 중간 정도는 훈련이 가능하다. 이렇게 정도를 나눈 것은 임상에서 아동의 인지적 한계를 예측하여 교육이나 자활의 계획을 세우는데 중요하다. 하지만 지능 지수 자체에 너무 연연하는 것은 옳은 태도가 아니다. 아동의 교육 목표와 이를 시행하기 위한 전략은 아동 각자의 장단점을 고려하는 것이 무엇보다도 중요하다.

정신 지체의 원인은 매우 다양하지만 출산 전 원인과 주산기 원인, 주산기 이후의 후천적 원인 등 다양하다. 정신 지체의 원인이 된다는 증후군은 약 200개 정도가 알려져 있으나 이는 전체 정신 지체의 20-25% 정도만을 설명할 수 있으며 이런 증후군이 있는 경우에는 그 정도가 대부분 심하다.

아동의 뇌 성숙은 출생 전에 많은 것이 이루어지는 것이 사실이지만 출산 후에 환경과 서로 상호 작용하면서 새로운 뇌 세포의 연결(synapse)이 이루어진다. 따라서 초기 아동기의 적절한 자극과 인지, 정서적인 상호 작용이 이루어지지 못하면 아주 중요한 이런 인지 발달의 장애가 생겨 정신 지체의 중요한 원인이 되기도 한다.

대개 한 시점에서 인구의 약 1%가 정신 지체를 가지고 있다고 알려져 있으며 이중 약한 정도의 정신 지체가 가장 많다. 남아가 여아에 비해 1.5배 많으며 정신 지체의 20%는 학습이 가능하다. 75% 정도에선 원인이 될 만한 특정한 질환을 발견할 수 없고 약한 정도의 정신 지체에서는 좀더 추상적 사고를 하는 것 외에 어떤 것도 할 수 있다.

정신 지체는 인지, 감정, 언어 등의 장애가 있기 때문에 이차적인 정신 병리를 많이 가지고 있게 되는데 비록 같은 조건에서도 교육 대인관계, 사회화, 학교생활 등에서 많은 좌절을 경험하게 되기 때문이다. 따라서 이들을 위한 적절한 환경적 고려가 필요하게 된다. 여기서 중요한 점은 지체 아동이 겪게 되는 이런 정신 병리들은 정신 지체의 고유한 병리 현상이 아니라 이차적인 병리이기 때문에 일반 아동과 마찬가지로 꼭 치료와 도움의 대상이 된다는 것이다. 흔히들 지체 아동의 우울이나 불안, 행동 문제는 어쩔 수 없이 생기는 지체 아동의 증상으로 생각하고 방치하거나 치료의 대상이 아니라고 생각하는 경우가 많은데 이는 잘못된 것이다.

치료를 위해서는 아동의 능력이나 상황을 부모와 우선주의 깊게 토론해야 한다. 많은 아동들은 특수 교육 프로그램을 필요로 하는데 이차적으로 생기는 정서 문제는 앞에서 언급한 치료의 대상이 되고 정신 치료, 부모 교육, 약물 치료, 인지 행동 치료를 시행하게 된다. 아동의 교육과 치료는 장기적으로 아동의 일생의 생활사와 동원 가능한 환경, 아동의 기능 등을 고려하여 이루어지는데 나이에 따라 필요한 기술 습득 목록이나 목표가 달라져야 하며 사회적응과 자활을 위한 기술, 직업 교육 등의 통합적 방법으로 접근한다.

이런 이유로 아동의 가장 큰 좌절의 원인 중 하나인 대인 관계의 실패를 줄이기 위해서는 사회 기술 훈련이 필요한데 이는 아동의 기능이나 연령에 맞게 방법과 목표를 선택해야 하는데 반복해서 아동에게 이해 가능한 방법으로 아동 중심의 교육이 이루어진다.

학습은 일단 학교를 떠나게 되면 당장 일상생활에 필요하지 않게 되지만 사회 기술은 본격적으로 아동의 삶의 질을 결정하므로 어찌 보면 많은 지체 아동의 치료 프로그램의 목표에는 궁극적으로 사회 기술의 증진이 기저에 있다고 할 것이다. 따라서 다양한 지역사회 현장에서 시행되는 기능 중심의 현장 실습이 중요하다.

## 2. 프로그램 대상 청소년의 사회성 부진 원인

### ❶ 기질적인 문제 : 사회 능력의 생물학적 문제

사회성이 다양한 감각, 인지 기능의 통합적 기능이라면 이런 기능을 담당하는 뇌의 부위와 이 기능의 상호 연결 작용을 아는 것은 근본적인 사회성의 기전을 밝히는데 가장 중요한 역할을 할 것이다. 또한 이런 기능을 밝힘으로서 사회성에 대한 생물학적 치료를 가능하게 할 수도 있다. 실제로 선택적 세로토닌 수용체 억제제(selective serotonin receptor inhibitor, SSRI)인 후루오섹틴(fuluoxetine)이 원래의 항우울, 항 불안 작용 외에 사회적 수줍음을 줄여주고 사회성의 증진을 보였다는 보고가 있으며 실제적으로 임상에서 궁정적 치료 효과를 기대케 하는 성과를 경험하게 된다.

사회성의결함을 보이는 자폐증 증상이 나타나는 다양한 임상 증후군(예를 들면 후레자일 엑스 증후군, fragile-X syndrome)에서 사회성과 관련된 유전자를 연구하거나 뇌의 일정 부위에 손상이 있었을 때 생기는 증상 군(群)을 연구하여 뇌의 특정 부위 내지, 이 부위의 연결에 의한 기능을 간접적으로 밝히는 등의 연구 방법이 있어 왔다. 최근에는 유전자 연구가 주축이 되어 뇌 영상 장비를 통한 연구나 정신 신경 생리적 방법 등을 사용하여 사회성 능력의 뇌 의학적 연구가 진행되고 있다.

사회성 특히, 다른 사람의 마음을 읽는 '마음의 이론'(Theory of Mind)과 관련되어 있는 뇌의 부위로는 전두엽(frontal lobe)과 편도(amygdala)가 중요시되고 있다.

전두엽은 소위 '고도' 인지와 연관되어 사회인지 능력(social cognitive ability)을 책임지고 있는 부위이다. 특히 전(前) 전두엽 피질(prefrontal area)이 중요한데 이는 배측 전두엽 피질(dorsolateral frontal cortex)과 안구전두엽 피질(orbitofrontal cortex)의 2가지 기능적 단위로 구성되어 있는데 전자의 경우에는 새로운 것을 인식하거나 부적절한 감각 자극을 억제한다거나 기억을 일시적으로 처리하기, 계획 세우기, 수행 기능, 과제를 적절하게 바꾸기, 작동 기억(working memory)등의 기능을 관장하고 후자의 경우에는 일차적인 사회적 변화나 감정의 변화를 만들어내고 적절한 유머를 만들어내며 사회적으로 적절한 행동, 타인을 고려한 행동, 중요한 것과 지엽적인 것을 조절해서 언어를 만들어 내는 등의 중요한 사회성 기능을 수행한다. 편도는 주로 기억을 관장하는 곳으로 감정과 감각 자극을 연결해서 경험한 사실을 특정한 감정과 연결시켜 주고 이를 통합하는 기능을 수행한다.

위에서 언급한 이런 부위는 아동 두뇌 발달 초기에 발달하게 되는데 이것이 어렸을 때 부모를 비롯한 환경과의 적절한 자극과 상호 작용을 하게 되고 이것이 다시 그 구조물을 다르게 구조화시키면서 발달하여 일생을 통해 어떤 사건을 경험하였을 때 과거의 경험을 기억, 축척하여 어떤 특정 인물의 대인 관계 반응이나 사회성의 예측 가능한 반응을 패턴화 하게 되는데 넓은 의미에서의 개인 특성, 혹은 성격이라고 불리 울 수 있을 것이다.

아동의 뇌와 환경과의 상호 작용에 의해 형성된 성숙된 뇌가 사회성의 결함을 가지고 있을 때 어떤 부위를 어떤 방법으로 적절하게 자극(교육, 훈련, 경험, 약물 등으로)하는 것이 옳은지에 대한 연구는 확실히 없지만 향후 이런 분야의 연구가 적극적으로 이루어 질 것이다. 특히 특정 기능을 추구하는 뇌의 시냅스 다발이라 할 수 있는 회로(circuit)의 연구가 활발하게 이루어져서 뇌의 각 부분의 기능이 어떻게 유기적으로 연합하는지에 대한 관심도 높아지고 있다.

## ② 가정 내 문제

대상 청소년들은 어릴 때부터 산만하고 집중이 안 되거나, 인지능력이 떨어지는 문제가 있었으며, 그들의 부모들은 그들의 문제를 증상으로 보지 않고, "시간이 지나면 나아진다. 부모인 내가 철저하게 교육시키면 된다" 등으로 생각했던 경우가 많다. 따라서 능력이 안 되는 아이를 부모의 기대치에 맞추려고 해왔기 때문에 청소년 정도가 되면 부모도 지치고 대상학생도 지쳐 있는 경우가 많다.

※ 따라서 대상 청소년으로 인한 부부간의 갈등이 올 수 있다

※ 교육의 전반적인 부분을 담당하던 어머니가 무기력감을 느끼고 정서적 문

제를 호소하기도 한다.

- 대상 청소년의 형제, 자매들이 받는 스트레스도 무시 할 수 없다.

### ③ 학교환경의 문제

- 일상생활에 대한 처리 능력이 떨어지는 학생들은 일년간 일정하게 한명의 담임으로 구성되고, 근거리의 환경에 사는 급우로 구성된 즉 변화가 거의 없는 초등학교에서, 매시간 학과 선생님이 바뀌고 따라서 매시간 수업 방법도 다르고, 생소한 급우로 구성된 중학교 과정에서 많은 혼란스러움을 느낀다.
- 학교성적이 우선이 되는 이시기가 산만하거나 수업을 따라 갈 인지 능력이 안 되는 대상 학생에게 큰 스트레스가 된다.
- 학급에서 유행처럼 번지는 왕따나 은따 등에 있어서 대인관계나 일상생활 처리능력이 모자라는 대상 학생들이 많이 당하게 된다.

### ④ 친구관계의 문제

- 대인관계가 원만하지 않은 이들은 집단 구타나, 왕따 등의 상처가 있는 아이들도 있다.
- 충동 조절이 되지가 않아 자신이 다른 학생들을 때리는 경우도 있다.
- 대인관계의 필요성을 느끼지 않거나 느껴도 마음의 상처로 인해 다른 사람을 사귀기를 기피하는 경우도 있다.

### ⑤ 정서적 문제

- 전반적으로 무기력하고 부모가 시켜야지만 움직인다.

※사람을 사귀는 부분에 마음을 닫고 가상공간인 인터넷에서 스트레스를 해소 할 수 있는 잔인한 게임을 많이 하게 된다.

※컴퓨터게임을 많이 해서 가상공간과 현실을 혼란스러워 하기도 한다.

※사람들 앞에 서면 위축되고 눈을 잘 마주치지 못한다.

※생활의 틀이 잡혀 있지 않고 주의가 산만하고 부산한 행동을 보이나 내면에는 불안하고 초조하고 무기력한 느낌을 받는다.

※tic 장애를 보이기도 한다.

※도벽을 갖기도 한다.

## ⑥ 생리적 문제

※주의가 산만하고 부산한 행동으로 인해 팔이 부러지는 등 신체적인 부상을 많이 당한다.

※학교생활과 일상생활 부적응으로 인해 우울증이나, 충동 조절장애, 불안증, 학교 공포증, 품행장애등으로 정신과 외래를 찾는 경우가 많고 증상이 심하면 입원을 하는 경우도 있다.

※대상 청소년들은 신체적인 발육은 정상이나 정신 연령이 늦게되는 경우가 많아 청소년기에 대두되는 성정체성에 대해서 혼란을 느낀다.

## ⑦ 진학/진로의 문제

※상급학교로 진학할 실력이 되지 못해 해당학생이 진학할 학교가 많지 않다.

※해당학생을 둔 부모는 부모가 죽은 후 학생의 장래를 걱정을 하게 되는데, 일처리 능력이 미숙하고 새로운 것을 배우는 능력이 미숙한 학생들이 자신에게 맞는 진로를 선택하기가 힘들고 그런 시설도 많지 않다.

# 3장 프로그램의 소개 및 흐름

1. 프로그램 소개

2. 프로그램의 진행흐름

# 3장. 프로그램의 소개 및 흐름

## 1. 프로그램 소개

본 프로그램은 인제대학교 상계 백병원 정신과 소아, 청소년 외래진료를 하고 있는 청소년 학생들을 위해 만들어진 프로그램이다.

청소년기의 아동들은 또래 문화와 집단문화를 통해 자신들의 정체성을 확립하는데 관심이 많고 실제로 이들에게 중요한 부분이기도 하다. 그렇기 때문에 제일 큰 고민이 친구가 없다는 것이다. 속할 수 있는 또래 집단이 없다는 것, 집단에 속하고 싶어도 어떻게 속하는 건지 방법을 몰라서 속하지 못하는 학생도 있고 또래들과 섞여야 할 필요성을 못 느끼는 폐쇄적인 성격으로 변할 수도 있다. 본 프로그램의 중요한 취지는 친구관계에서 자기를 표현하는 방법, 다른 사람의 이야기를 잘 이해하는 방법, 대인관계에서 스트레스를 적절히 푸는 방법, 타인을 이해하고 자신의 행동을 통제하는 법등을 배우는 것이다.

1) 프로그램명 : 청소년 사회성 증진 프로그램

2) 대 상 : 정신과에 입원했거나 소아 · 청소년 외래를 찾는 청소년

3) 일 시 : 매주 수요일 저녁 7시-9시 / 격주 토요일 오후 3시-6시

4) 방법

(1) 프로그램 중에 대상 학생과의 질문지와 면담을 통해서 대인 관계와 행동 면에서 자신이 가장 변하고 싶은 부분이나 취약한 부분을 정하여 스스로 목표를 정하게 하고 청소년 스스로가 변해야 할 이유와 변화되는 방법을 알아보는 시간을 갖는다. 청소년 스스로가 필요성을 느끼고 인식해야만 자발적인 참여를 유도할 수 있다.

(2) 청소년의 보호자를 대상으로 질문지와 면담을 통해서 문제되는 행동의 리스트를 만들고 바람직하게 교정되어야 할 핵심 문제를 만든다. 청소년의 의견과 보호자의 의견을 취합하여 해당학생의 바람직한 목표를 잡는다. 보호자는 월 1회 보호자 교육을 통해 그 동안의 프로그램에 대한 평가를 하고 수정보완 해야 할 부분을 정한다.

5) 내용

(1) 그룹을 이용한 프로그램을 통해 상대방을 이해하는 연습을 하고 이를 통한 행동통제 및 행동수정을 연습한다.

(2) 상대방의 말을 정확하게 이해하고 받아들인다.

(3) 각자 나름대로 적절하게 생각하는 연습을 한다.

(4) 자신의 생각을 적절하게 표현하기를 배운다.

(5) 일상생활 적응기술 익히기를 한다.

(6) 상황에 맞게 문제해결하기를 한다.

6) 대상인원 : 8명 내외

7) 자원봉사자 : 4명 이상

## 2. 프로그램의 진행흐름

### ❶ 1기

소아, 청소년 진료를 위해 외래를 방문하는 청소년들 중 일상생활 수행능력이 뒤지는 학생들을 선별해 가정방문을 통한 일상생활 수행훈련을 했다.

유관학과의 대학생 학생들로 구성된 자원봉사자 스터디 모임을 활용해 주1회 가정방문을 실시했으며, 자원봉사자들이 이들에게 Big brother, Big sister의 역할을 했으며 일상생활 영역에서 Modeling의 역할을 했다.

자원봉사자와의 관계를 통해서 타인과 관계를 맺고 유대관계를 맺는 방법의 연습은 되었으나 또래 관계가 아닌 연장자의 관계였으며, 집단의 역동성과 규칙과 규범을 배우기에는 한계가 있었다.

### ❷ 2기

경도 정신지체 청소년을 대상으로 프로그램 그룹을 형성했다. 인원은 8명으로 하고 주1회 3개월간의 12회 프로그램으로 진행되었으며 주로 사회 기술훈련을 중심으로 훈련했다.

사회기술훈련을 통하여 일상생활 적응에 대한 훈련은 효과적이었으나 대인관계훈련을 3개월 과정을 통해서 하기에는 기간이 짧고 그룹의 역동성을 충분히 활용하기에는 한계를 느꼈다.

### ❸ 3기

주의력 결핍 과잉행동 장애 청소년을 중심으로 주1회 3개월간의 12회 프로그램으로 진행되었으며 과잉행동의 교정을 위해 인원은 6명으로 축소했다.

주로 행동수정훈련을 중심으로 이루어졌다.

프로그램을 통해 학생들의 문제에 대해서 어느 정도 행동통제와 수정이 이루어졌으나 행동수정은 훈련을 통해서 행동을 단편적으로 수정시키는 효과는 있었으나 상대방을 이해하고 자신이 행동의 통제를 왜 해야 하는지 본인들이 인식하기에는 시간적인 한계가 컸으며 그룹 내의 대인관계의 역동성과 상황에 따른 다른 사람과의 공감력을 훈련하기에는 한계가 있었다.

## ④ 4기

이 프로그램은 주의력 결핍과잉행동 장애, 경도 정신지체 장애, 두장애가 복합적으로 있는 학생을 대상으로 하였으며 8명의 인원으로 12개월간 총 72회의 프로그램으로 이루어졌다.

프로그램 시작에 앞서 행동수정이 주된 프로그램이 되어야 하는 주의력 결핍과잉행동 장애와 일상생활 훈련이 주된 프로그램이 되어야 하는 경도정신지체 장애 청소년을 함께 참석시킨다는 것이 걱정이 되었지만 프로그램을 통해 느낀 것은 주의력 결핍 과잉행동 장애의 경우 나이가 들수록 장애의 강도가 줄어든다는 것을 실감할 수 있었으며 소아 주의력 결핍 장애아와 비교하여 집단 내에서 행동수정이 가능하며 어느 정도의 자기 통제력이 있음을 알 수 있었다. 정신지체장애 청소년의 경우 지적인 능력은 주의력 결핍 장애 청소년보다 저하되어 있지만 감정적인 부분에서는 주의력 결핍장애 청소년보다 높은 감수성을 보였다.

따라서 그룹이 정체되지 않고 다양한 역동성이 생기고 그룹 내의 교우관계의 감정변화, 갈등, 기분 변화 등을 통한 대인관계훈련을 할 수 있었다.

또한 12개월간의 프로그램을 적응단계, 표현단계, 활용단계, 마무리단계,

실외에서 이루어지는 생활적응 프로그램 등 총 72회의 구성으로 진행하였다.

세부프로그램으로는 대인관계훈련, 감수성훈련, 일상생활 적응훈련 등을 통해 다른 사람과 지속적으로 관계를 맺는 법, 구성원간의 스트레스 풀기, 문제해결 하기 등의 다양한 체험을 해볼 수 있도록 했다. 갈등상황에 대해서는 양자가 역할극을 통해 서로의 기분과 입장을 이해하는 훈련을 했다.

그러나 본 프로그램이 그들의 학교생활에서는 주변 친구의 협조 없이는 원활하게 진행되지 못하는 한계성도 있었고 프로그램 종료 후 해당 청소년들을 어떻게 follow up해야 할지의 문제점도 대두되었다.

### ⑤ 5기

4기와 같은 셋팅에서 시작되었으며 훈련 그룹에 동아리의 성격을 가미했다. 학교에서는 급우들이 협조해 주지 않으면 친구관계가 지속되지 않으므로 이 프로그램이 친구사귀기의 훈련으로 그치는 것이 아닌 프로그램 구성원간의 지속적인 교우관계를 유지하도록 "우리"라는 의식을 심을 수 있는 프로그램 위주로 진행하였다.

또한 부모교육 위주로 진행되어 왔던 부모모임도 어머니들 자체가 결속이 되고 스스로를 도울 수 있는 자조모임으로 바꾸었다.

또한 프로그램 안의 과제물을 구성원끼리 개별적으로 만나서 협동해서 할 수 있는 프로그램을 구성했으며 생활적응 훈련 시간에는 구성원 전체의 생일 일정을 넣고 어머니들과 협조하여 해당학생의 집에 초대해 생일 파티를 할 수 있도록 했다.

그러나 프로그램 종료 후 청소년들이 상급학교에 진학을 하거나 진로문제를 고민할 때 본 프로그램의 한계를 많이 느꼈다.

# 4장
# 프로그램의 구성도 및 세부 설명

1. 프로그램 구성도
2. 프로그램 단계설명
3. 프로그램 조직설명

# 4장. 프로그램의 구성도 및 세부 설명

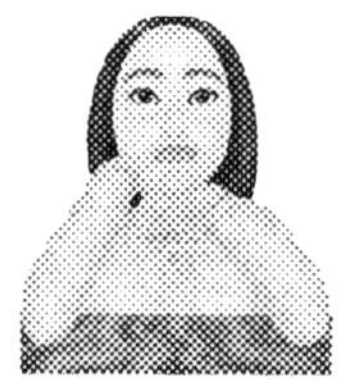

## 1. 프로그램 구성도

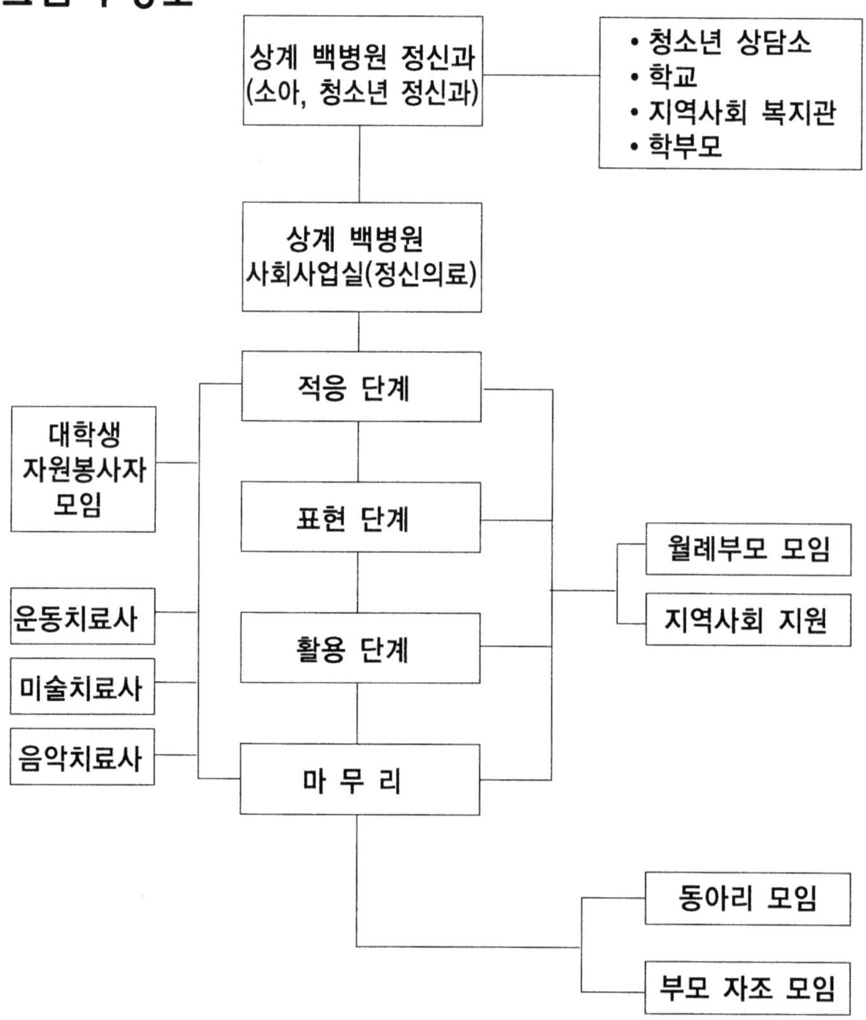

## 2. 프로그램단계 설명

### ❶ 적응단계

대인관계에 문제가 있어서 또래를 사귀는 게 잘 안되는 학생들은 그룹으로 모여서 프로그램을 진행 하는 것에 많은 부담을 느낀다. 또한 병원의 정신과에서 하는 프로그램이기에 치료를 받는다는 느낌 때문에 오기 싫어하고 위축되는 경우가 있다.

- **방법** : 학생들이 치료의 개념이 아닌 놀러 온다는 생각을 갖도록 프로그램을 진행 한다.
  구성원에게 큰 피해나 도덕적으로 문제가 없다면 학생들의 잘못된 행동을 지적하기보다 학생들이 갖고 있는 장점을 격려해 준다.

### ❷ 표현단계

사회성을 기르는 부분은 선천적인 부분보다는 후천적인 부분이 많은 영향을 미친다.

사회성은 언어를 이용한 표현, 신체를 이용한 표현, 글이나 상징을 통한 표현 등 다양한 방법을 통해 자신의 의사를 표현하고 다른 사람의 의견을 수렴하는 communication이 기본이 된다. 그러나 해당 학생들은 자신의 생각이나 의사를 적절하게 표현하는 능력에 많은 어려움을 느낀다.

- **방법** : 학생들이 미술이나 운동 그 밖의 다른 도구를 이용해 자신을 표현해 보는 것이 필요하다. 처음에는 표현하기에 중심을 두기 때문에 그 표현이 구성원이나 도덕적으로 큰 문제가 되지가 않는다면 긍정적인 표현이나 부정적인 표현 모두표현 할 수 있도록 장려한다. 또한 그룹의 역동

성과 자원봉사자의 modeling을 통해 언어를 이용한 자기표현도 배워본다.

### ③ 활용단계

표현하기를 통해 좀더 적절하게 표현하기, 다른 사람이 표현하는 것을 이해하기, 상황을 이해하기, 적절하게 자기 주장하기, 상황대처능력 기르기 등 일상적인 생활에서 벌어지는 일들을 자신에게 맞게 연습한다.

◈ 방법 : 프로그램을 통해서도 훈련을 하게 되나 그 밖의 구성원내에서 생기는 사건에 대해서 거기에 수반되는 감정들을 처리하는 과정에서도 많은 훈련이 된다.

예) 상대방이 놀리는 말을 해서 기분이 나빠진 경우, 서로가 반대 입장이 되어 보고, 그때의 느낌을 말로서 표현하여 보고, 사과하기, 사과 받아들이기 등을 훈련한다.

### ④ 마무리 단계

12개월의 프로그램이기 때문에 구성원의 모든 부분이 좋아질 수는 없고 핵심행동을 수정하는 것을 원칙으로 하며 그 그룹이 종결 후에도 모일 수 있는 자조모임을 결성한다.

예) 동아리 결성, 부모자조모임, 직업탐색프로그램 등

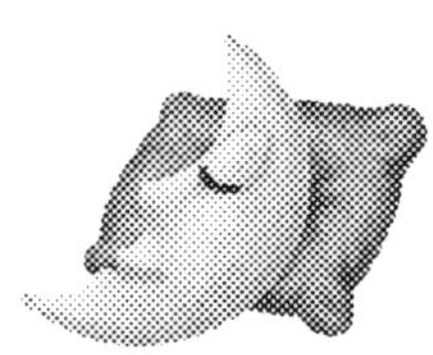

## 3. 프로그램 조직설명

### ① 대학생 자원 봉사 모임

시간제 학점이나, 소아 · 청소년에 관심이 있는 해당 유관 학과의 자원봉사제를 통해 프로그램 시 보조자의 역할과 일상생활에 대한 적절한 modeling이 이루어지게 하며 big brother, big sister로서 아이들과 교환일기나 이메일을 주고받는 등의 활동을 통해 타인과 관계를 맺는 방법을 연습하게 된다.

### ② 월례 부모모임

정규적인 프로그램과 함께 정서적으로 변화가 많은 청소년인 구성원이 생활 중에서 겪게 되는 일들을 프로그램에 반영하므로, 정기적인 부모모임을 통해서 구성원에 대한 정보를 얻고 수정되어져야 할 핵심 행동에 대한 평가를 함께 한다. 나아가 부모자조모임으로 연결되게 한다.

### ③ 지역사회자원

구성원들이 생활 중에서 이용하는 생활시설을 중심으로 생활적응 훈련을 하므로 주변의 자원들을 이용하고 구성원이 그룹이 아니라 혼자서도 이용할 수 있도록 한다.

예) 노원구에서 주최하는 청소년 문화예술제, 청소년 수련관, 자원회수시설 견학, 등

또한 현장학습시간에 노인 복지관등을 방문해서 학생이 할 수 있는 청소, 할아버지 할머니 도와드리기 등의 활동을 통해 구성원들 생활반경 주변의 자원을 이용한다.

# 5장
# 프로그램 소개

1. 감수성, 사회기술, 생활적응 훈련
2. 집중력, 운동, 미술, 음악 프로그램
3. 싸이코 드라마를 이용한 프로그램 활용

# 5장. 프로그램 내용

감수성 훈련은 월 1회, 사회기술훈련은 월 2회, 생활적응 프로그램은 격주 토요일(월 2회) 진행되는 것을 원칙으로 하나, 그 달의 상황에 따라 반복진행(친구생일잔치 등)되기도 하며 프로그램의 원활한 진행을 위하여 집중력, 운동, 미술, 음악 프로그램과 적절하게 매치가 되게 하였다. 또한 특별 시간을 두어 싸이코 드라마를 활용한 프로그램을 진행 하였다.

### ◎ 월별 프로그램 진행

예)

| 요일 / 주 | 수요일 | 토요일 |
|---|---|---|
| 1주 | 감수성훈련 | |
| 2주 | 사회기술훈련 | 생활적응훈련 |
| 3주 | 집중력, 운동, 미술,<br>음악프로그램 중 1가지 | |
| 4주 | 사회기술훈련 | 생활적응훈련 |

## 1. 감수성, 사회기술, 생활적응훈련

1) 감수성훈련 : 12개 프로그램

2) 사회기술훈련 : 20개 프로그램

3) 생활적응훈련 : 12개 프로그램

4) 프로그램 목차

| 프로그램 | 목 차 | | | |
|---|---|---|---|---|
| 구분 | 적응 단계 | 표현 단계 | 활용 단계 | 마무리 단계 |
| 감수성 훈련 | 1. 나는 누구인가요? | 3. 몸으로 표현해 봅시다 | 7. 남자와 여자는 어떻게 다른가요? | 11. 과거 현재 그리고 미래 |
| | 2. 악수로 인사하는 나라 | 4. 내가 정한 나무가 되어 봅시다.<br>5. 돈으로 살수 있는 것 돈으로 살수 없는 것<br>6. 협동 놀이 합시다 | 8. 나의 하루를 생각해 봅시다<br>9. 나를 편안하고 즐겁게 만들어 봅시다<br>10. 화해의 언덕 오르기를 해 봅시다 | 12. 실제로 할 수 있는 것 상상에서 할 수 있는 것 버리고 싶은 것의 요술 상자 만들기 |
| 사회 기술 훈련 | 1. 다른 사람과 대화시 필요한 신체적 요소를 배웁시다 | 5. 개인적인 만남에서 이야기 나누기 | 13. 불쾌하거나 화난 감정 표현하기 | 19. 공공장소에서 부당한 상황에 대처하기 |
| | 2. 다른 사람과 대화시 필요한 목소리의 요소를 배워 봅시다 | 6. 집단 만남에서 이야기 나누기 | 14. 친구에게 충고하기 충고 듣기 | 20. 문제해결하기 (Ⅰ) |
| | 3. 말의 구성요소에 맞게 말하기/듣기 | 7. 전화 통화의 예절을 배웁시다 | 15. 친구에게 힘이 되어 주기 | 21. 문제해결하기 (Ⅱ) |
| | 4. 다른 사람이 말하는 것을 잘 듣는 연습을 합시다 | 8. 나의 생각을 표현해 봅시다(Ⅰ)<br>9. 나의 생각을 표현해 봅시다.(Ⅱ)<br>10. 칭찬 및 사과하기/감사한 마음 전하기<br>11. 다른 사람에게 부탁 하기<br>12. 다른 사람의 요구를 거절하기 | 16. 친구와의 갈등에서 나 표현하기<br>17. 부모님과의 갈등에서 나 표현하기<br>18. 물건을 교환할 때는 어떻게 하면 좋을까요? | 22. 문제해결하기 (Ⅲ) |
| 생활 적응 훈련 | 1. 요리를 만들어 봅시다 | 3. 극장에서 영화관람을 합시다 | 11. 야외 수영장에 갑시다 | 19. 조별로 정해 지역 사회 문화 탐험을 합시다 |
| | 2. 미니 올림픽을 합시다 | 4. 친구 생일잔치를 축하해 줍시다 | 12. 청소년 수련관의 여러 시설을 이용해 봅시다 | 20. 방송 어드밴쳐 견학 합시다 |
| | | 5. 볼링을 배웁시다 | 13. 텃밭에서 일일 농부가 되어 봅시다 | 21. 영화 촬영소를 견학 합시다 |
| | | 6. 자연과 어울려 하나가 되어 봅시다 | 14. 노원 자원회수 시설을 견학합시다 | 22. 그동안 준비한 연극을 무대에 올립시다 |
| | | 7. 청소년 문화 콘서트 관람을 갑시다 | 15. 체육활동을 합시다 | |
| | | 8. 딸기 밭에 가 봅시다 | 16. 옹기 민속박물관을 견학합시다 | |
| | | 9. 육군사관학교를 방문해 봅시다 | 17. 조별로 보고 싶은 영화를 보러 갑시다 | |
| | | 10. PC방에 갑시다 | 18. 6,000원을 갖고 자신이 하고 싶은 일하기 | |

## 2. 집중력, 운동, 미술, 음악 프로그램

1) 집중력 향상 훈련 : 6개 프로그램

2) 운동, 미술, 음악 프로그램 : 각각 6개 프로그램

3) 프로그램 목차

| 목차 | 집중력 향상 프로그램 | 운동 프로그램 | 운동 프로그램 | 음악 프로그램 |
|---|---|---|---|---|
| | 1. 조별 신문 만들기 | 1. 신체활동을 이용한 수업(1) | 1. 벽화 그리기 | 1. 우리들이 간직하고 싶은 마음 |
| 프 | 2. 속담과 한자 표현을 맞춰 봅시다 | 2. 신체활동을 이용한 수업(2) | 2. 지점토 활동을 통해 감정을 표현하기 | 2. 즐거운 노래에 맞춰 악기 흔들기 |
| 로 | 3. 흩어져 있는 단어 조합하기 | 3. 신체활동을 이용한 수업(3) | 3. 그림 완성하기 | 3. 숫자세기 |
| 그 | 4. 숫자 기억하기 끝말 잇기 | 4. 신체활동을 이용한 수업(4) | 4. 미술 작품 감상 후 가면 만들기 | 4. 아리랑 노래에 맞춰 소고치기 |
| 램 | 5. 성냥갑 쌓기 / 잘못된 그림 찾기 | 5. 신체활동을 이용한 수업(5) | 5. 나의 미래를 표현하는 종이 인형 만들기 | 5. 콰이어 챠임 연주하기 |
| | 6. 순서대로 맞추어 봅시다 | 6. 신체활동을 이용한 수업(6) | 6. 표현주의 작품을 감상 후 자신의 그림 만들기 | 6. 신체리듬 만들면서 노래 부르기 |

## 3. 사이코 드라마를 이용한 프로그램 활용

본 프로그램은 정규 프로그램 시간이 아닌 특별 프로그램으로 진행되었다. 특별 프로그램은 방학기간을 이용하였으며, 학생들이 갈등을 느끼는 상황들을 4종류의 예를 들어 상황을 설정하고 진행 하였다.

| | 내 용 |
|---|---|
| 1 회 | Yes, but (예, 그렇지만) |
| 2 회 | See what you made me do (너 때문이야) |
| 3 회 | Kick me (차주세요) |
| 4 회 | Now, I've got you, son of bitch (흠잡기) |

# 6장
# 프로그램 내용

1. 감수성훈련 프로그램
2. 사회기술훈련 프로그램
   1) 사회기술훈련 (1-20회)
   2) 생활적응훈련 (1-22회)
3. 단기 집중력 향상 프로그램
4. 운동 프로그램
5. 미술치료 프로그램
6. 음악 치료 프로그램
7. 심리극을 활용한 집단 프로그램

# 6장. 프로그램 내용

## 1. 감수성훈련 프로그램

### 감수성 훈련(Sensitivity Training)

감수성 훈련은 나와 나를 둘러싼 환경과의 교류 속에서 나에게 느껴지는 감정, 지각, 이에 따른 나의 반응, 행동으로 옮기는 것 등 경험하고 체험되어지는 모든 것이라고 할 수 있다.

이를 통하여 나와 다른 사람과 인간관계를 경험하게 되고 그 경험 속에서 자신이 경험을 쌓아가는 훈련이라고 할 수 있다. 즉 타인을 통해 나라는 존재는 무엇인지 인식하게 되고, 인간에 대한 존엄성을 배우고 나라는 존재를 찾아가는 과정이라고 할 수 있다.

청소년에 있어서 감수성 훈련의 중요성이 더 강조되는 이유는 이들은 성인과는 달리 신체적, 정서적, 정신적으로 중요한 변화를 경험하는 시기이기 때문이다. 따라서 이런 변화의 시기에 가정, 학교, 사회라는 환경 안에서 그들 나름대로의 역할을 수행해야 하며 나아가 독자적인 인간으로서 갖추어야 할 인성을 다듬는 시기라고 할 수 있다. 이런 시기에는 개인의 특성과 주변요인으로 인해 많은 혼란과 다양한 변수들이 생길 수 있다. 나아가 이런 변수로 인해 왜곡된 자아상이나 인지구조가 생길수도 있다. 그런 어려운 변수들을 감수성 훈련이라는 도구를 사용하여 자기와 타인과의 건전한 감정, 지각을 배우고 경험을 통해서 건강한 나를 만들어 가는 과정이라고 할 수 있다.

특히 본 프로그램에 참여하는 학생들의 경우는 자신들이 갖고 있는 특수한 문제로 인해서 청소년기에 적절하게 수행해야 할 수행과업을 이루지 못할 수 있고 또 왜곡된 자아상을 가질 수 있으므로, 이들에게는 감수성 훈련을 통하여 건전한 자기 자신을 알아가고 인간에 대한 존엄성을 배우는 과정이 매우 필요하다.

## ♣1회 : 나는 누구인가요?

### 1. 개요

이 프로그램은 구성원들이 처음 대면하는 시간에 하는 것으로, 이 시간을 통하여 앞으로 만나게 될 친구들, 진행자, 자원봉사자와 만남을 준비하는 시간이다.

본 프로그램에 참석하는 학생들은 대인관계에 문제가 있는 학생들이 대부분이다. 가족 이외의 사람들과 만나서 대화를 나눈다는 것에 불안감과 나아가 공포를 느끼는 학생들도 있고, 병원에서 하는 것이기에 치료를 받으러 온다고 생각해 더 긴장하는 경우가 많다. 이들에게는 이 자리에 나온다는 것만으로도 큰 스트레스겠지만 이 자리에 나와서 자신을 소개하는 것 자체가 프로그램의 첫걸음이라고 할 수 있다.

### 2. 준비물

이름표, 싸인펜, 질문내용이 적혀있는 질문지, 윷놀이 도구

## 3. 활동

### 1) 진행자 소개하기

진행자는 본 프로그램을 진행할 때는 가운을 벗고 하는 것을 원칙으로 한다. 구성원들은 처음시간에 진행하는 사람을 세밀하게 주시하므로 구성원들에게 치료자의 느낌보다는 이 사람이 뭐하는 사람인지 하는 호기심을 유발하는 것이 필요하다.

### 2) 자원봉사자 소개하기

본 프로그램에는 관련학과 대학생 자원봉사자들이 참여하고 있다. 첫 시간에 자원봉사자들이 자기를 소개하는 것 자체가 구성원들에게는 적절한 모델이 될 수 있다.

### 3) 2인씩 짝짓기

되도록이면 자원봉사자와 구성원이 파트너가 되도록 하며, 그렇게 되지 않을 때에는 구성원끼리 파트너가 되고 자원봉사자가 중간자 역할을 맡는다.

### 4) 둘이서 자기소개하기

2명이 짝이 되었으면 이름표를 보여주고 서로 인사를 나눈다. 미리 준비해놓은 질문지를 토대로 상대방에 대해서 물어 보고, 인터뷰 형식으로 질문지를 기입한다.

질문지 사용은 구성원들이 처음에 만나서 인사하는 내용이 단조롭기 때문에 다양한 대화를 위해서 준비한 것이며, 상대방의 얼굴을 쳐다보기 힘들어하거나, 긴장해서 나오는 다양한 버릇들을 질문지를 쓰면서 자연스럽게 배제할 수 있다.

### 5) 자기 짝의 소개를 구성원에게 대신해주기

둘이서 자기 소개하는 시간이 끝나면 다시 모여서 지정된 짝과 함께 둥글게 모여 앉는다.

진행자는 어느 팀이 발표하라고 지시하기 보다는 구성원 중 처음 발표하기를 원하는 팀을 선발하여 질문지를 바탕으로 자기 짝의 소개를 대신해 주는 시간을 갖고, 소개가 끝난 팀이 다른 팀을 지목하도록 한다. 한팀씩 발표가 끝날 때마다 박수를 쳐주도록 한다.

### 6) 간단한 게임하기 : 윷놀이

팀별로 발표가 끝나면 간단한 게임을 하도록 한다. 첫 시간의 게임은 변화가 많거나 구성원에게 부담이 되는 게임보다는 부담이 적은 게임이 적절하리라 생각된다. (윷놀이는 자기 차례가 되면 윷을 놓기만 하면 되니까 부담감이 적으므로 선정하였다.)

### 7) 참가 소감 나누기

첫 시간의 구성원들은 이 시간을 굉장히 힘들어한다. 진행자가 지목하기보다 먼저 발표할 의사가 있는 학생을 자진해서 발표를 하게하고 그 학생이 다른 학생을 지목하도록 한다.

자진해서 발표할 학생이 없을 경우 진행자와 제일 가까운 학생이나 정면에 있는 학생 등 왜 지목하게 되었는지 구성원에게 설명을 해주고 처음으로 발표한 부분에 큰 격려를 해준다.

구성원이 한명씩 소감을 말할 때 반드시 박수로 이야기 한 것에 긍정적인 반응을 보여주어야 한다.

## 4. 유의점

1) 1회 프로그램은 모임 구성원에 대해서 막연한 호기심을 갖게 하고, 치료가 아닌 놀이나 훈련으로 생각 할 수 있도록 해야 한다.
2) 구성원은 진행자의 말투, 행동에 많은 자극을 받는다. 프로그램 중에 행동과 말투에 신경을 써야 하며 말의 속도도 빠르지 않도록 주의 한 다.
3) 처음 모임에서 구성원들이 질문에 대한 반응이 없을 수도 있고, 적절 하지 않을 수도 있다. 진행자가 당황하거나 화를 내지 말고 그런 구성원의 반응을 포용해주는 자세가 필요하다. 한 예로 소감 나누기 등을 안하고 머리를 숙이고 있는 학생에 대해 "선생님 생각에는 많이 수줍어서 그런 것 같은데 다음에는 발표하도록 하자" "여러분 오늘 OO가 수줍어서 그런 것 같은데 다음번에는 용기를 낼 수 있도록 우리 격려의 박수를 쳐 줍시다" 등 구성원이 대인관계에서 긍정적인 경험을 할 수 있도록 한다.

## 5. 진행 유인물

(질문내용)

◎ **제목 : 만나서 반갑습니다.**

1. 내 이름은 : ______________________________
2. 누가 지어주신 이름인가요 : ______________________
3. 내 별명은 : ______________________________
4. 별명이 지어진 이유는 : __________________________
5. 새로운 별명을 갖고 싶다면 : ______________________
6. 내 나이는 : ______________________________

7. 내가 다니는 학교는 : ______________________________

8. 내가 사는 동네는 : ______________________________

9. 나의 가족은 누구 누구 : ______________________________

10. 내가 좋아 하는 음식은 : ______________________________

11. 내가 좋아하는 연예인은 : ______________________________

12. 나의 취미생활은 : ______________________________

## ♣ 2회 : 악수로 인사하는 나라

### 1. 개요

신체를 이용해 다른 사람과 의사소통하는 방법에는 타인과 적절한 눈 마주침, 적절한 신체적 접촉 등 여러 가지가 있다.

이 프로그램에 참석하는 학생들은 대인관계의 경험이 부정적 경험을 한 학생들이 많다.

집단으로 놀림을 당하거나, 의사표현이 부족하여 상대방의 의견에 마지못해 따르는 행동 등, 이런 그들이 신체를 이용한 의사소통 중 기본이라고 할 수 있는 악수를 통해 긍정적 경험을 할 수 있도록 한다.

### 2. 준비물

이름표, 바구니, 좋은 말이 담겨 있는 쪽지들, 인형, 통아저씨, 밀가루, 쟁반, 사탕

## 3. 활동

### 1) 몸 풀기 프로그램

상황대처능력이 뒤지는 학생들이 학교생활이나 본 프로그램에 참여하면서 긴장을 하여 어깨나 목이 굳어 있는 경우가 많다. 간단한 체조 동작을 통해 몸의 이완을 돕는다.

◎ 방법

(1) 원으로 둘러서서 체조를 한다.

(2) 오른쪽 방향으로 돌아서 앞사람 어깨 주물러 주기

(3) 왼쪽방향으로 돌아서 앞사람 어깨 주물러 주기

(4) 모두 손잡고 물결 만들기 등

### 2) 마음풀기 프로그램

본 프로그램 진행에 앞서 구성원이 프로그램을 위한 준비단계로 이루어지는 프로그램이다. 경직되거나 위축되고 주변을 경계하고 있는 마음을 놀이를 통해 풀어 준다.

◎ 제목 : 밀가루 속 사탕 골라먹기

◎ 방법 :

(1) 통아저씨를 준비한다.

(2) 돌아가서면서 통아저씨에 막대기를 꽂아 머리가 올라오는 사람이 밀가루 안의 사탕을 골라 먹는다.(되도록 모두 사탕을 먹을 수 있도록 한다.)

### 3) 본 프로그램

◎ **제목 : 악수로 인사하는 나라**

◎ **목적**

(1) 신체를 통한 인사법을 익힌다.

(2) 다른 사람에게 칭찬이나 격려의 말을 들은 경험이 적은 구성원들이 다른 사람을 축복해 주는 말들을 통해 정서적으로 긍정적인 경험을 한다.

(3) 다른 사람과의 접촉을 자연스럽게 받아들이게 한다.

◎ **방법**

(1) 구성원들 개개인이 하나의 나라가 된다.

(2) 개인이 그 나라의 대표가 된다.

(3) 자신의 나라가 어떤 나라면 좋을지 생각하고 돌아가면서 발표를 해본다.

(4) 의자에 타원형으로 앉는다. (중앙에는 좋은 말이 담겨 있는 바구니와 방문할 때 전달하는 인형이 준비 됨)

(5) 진행자가 먼저 인형을 들고 한 나라 앞에 섭니다. “안녕하세요 저는 ㅇㅇ 나라에서 온 ㅇㅇㅇ입니다. 하며 악수를 청한다.

(6) 서로 마주보고 악수를 한다.

(7) 준비한 인형을 전달한다.

(8) 준비된 바구니에서 좋은 말 쪽지를 하나 골라서 상대방에게 큰소리로 읽어 준다.

(9) 읽은 쪽지를 상대방에게 전달한다.

(10) 상대방은 “좋은 선물 감사한다. 안녕히 가세요”라고 하며 악수 청한다.

(11) 인형을 받은 나라 주인은 앞과 같은 방식으로 다른 구성원에게 그 인형

을 전달하고 바구니에서 좋은 말이 담겨 있는 쪽지를 선물한다.

⑿ 구성원 모두가 돌아가면서 경험 할 수 있도록 한다.

### 4) 참가 소감 나누기

참가 소감 나누기 시간은 프로그램에 참가 하면서 느꼈던 느낌을 공유하고 자신의 감정을 정리하는 시간이다. 또한 다른 사람 앞에서 자신의 생각을 이야기 하는 것을 훈련하는 시간이 되어야 한다. 한사람의 이야기가 끝나면 반드시 박수로 반응을 보여 준다.

## 4. 유의점

1) 구성원들이 프로그램을 하면서 인형을 언제 줘야 할지 악수를 언제 해야 할지 번거로움을 느낄 수 있다. 자원봉사자가 프로그램 진행요원으로 구성원들을 도와주면 도움이 될 것 같다. 프로그램을 진행 하면서 좋은 말이 담겨 있는 쪽지가 구성원 개인에게 긴장을 완화 시키고 기분을 좋게 만들 수 있다는 것을 알았다. 쪽지에 적혀 있는 상황을 상상하게 하는 것도 구성원들에게 도움이 된다.
2) 자신의 나라가 어떤 나라이면 좋겠냐는 질문에 컴퓨터 게임의 나라 들이 많이 나온다.

되도록이면 수용을 해주되, 상상 내용이 너무나 잔인 하거나 현실감이 없을 때는 "그건 안돼" 라는 말보다는 좀더 긍정적이고 밝은 느낌의 생각을 하도록 해주는 게 필요하다.

## 5. 진행유인물

**(악수로 인사하는 나라의 인사법)**

이곳에서는 처음 만나면 서로 마주보고 악수를 하고 축복의 말을 선물 하는게 인사법인 나라입니다.

이곳 사람들은 말을 통한 인사도 중요하지만 상대방의 피부의 촉감과 손의 따뜻한 온도를 느끼며 하는 인사가 더 정겹다는 것을 아는 사람들입니다.

방문하는 사람들은 악수와 함께 인형을 선물하고 축복의 말을 주인에게 해줍니다. 주인은 방문자에게 감사하다는 말과 함께 다시 악수를 먼저 청합니다.

**- 축복의 말들 -**

당신은 참 훌륭한 사람입니다.

당신은 멋진 일을 했습니다.

당신에게 감사하게 생각합니다.

당신은 참 좋은 생각을 했습니다.

당신이 좋아하는 그것을 꼭 갖기 바랍니다.

당신은 참 재미있는 사람입니다.

당신이 하는 일은 옳은 일입니다.

당신은 그 일을 잘해 나갈 것입니다.

당신은 다른 사람에게 믿음을 줍니다.

당신은 그 일에 대성공을 할 것입니다.

당신은 올바른 생각을 하는 사람입니다.

당신은 훌륭한 일을 할 것입니다.

당신은 주변 사람에게 칭찬을 받는 사람입니다.

당신은 노래를 아주 잘하는 사람입니다.

당신은 친구가 많은 사람입니다.

당신은 멋있는 사람입니다.

당신은 운동을 잘하는 사람입니다.

당신은 인기가 많은 사람입니다.

당신을 보면 내 마음이 편해집니다.

당신은 주변의 사람에게 사랑을 많이 받고 있습니다.

당신은 용감한 사람입니다.

당신은 예의가 바릅니다.

## ♣ 3회 : 몸으로 표현해 봅시다.

### 1. 개요

때로 우리는 머릿속에 떠오르는 생각을 좀더 적절하게 구체적으로 설명하려고 노력 한다. 그 생각 자체를 잊어버리는 경우가 많다. 또한 내안의 것을 다른 사람에게 보인다는 것에 불안감을 느끼기도 한다. 따라서 대인관계에 어려움이 있는 구성원들이 표현에 대해서 느끼는 부담감은 더 클 것이며 어떤 일에 표현을 했다가 부정적인 경험을 하여 위축되거나 표현력이 부족한 사람들은 자신감을 상실할 것이다. 이런 그들이 몸을 이용해 말보다 쉽게 자신의 생각을 표현해 보도록 한다.

## 2. 준비물

낱말카드, 상황카드, 상황이 적혀있는 판,

## 3. 활동

### 1) 몸 풀기 프로그램

이번 시간은 몸을 많이 이용해야 하기 때문에 충분히 몸을 풀어야 한다.

(1) 체조하기

(2) 등 두드려 주기

(3) 안면근육풀기

### 2) 마음풀기 프로그램

◎ 제목 : 동동 동대문을 열어라

◎ 목적 : 놀이를 통하여 마음을 이완하고 구성원간의 일치감을 경험하게 한다.

### 3) 본 프로그램

◎ 제목 : 낱말카드 알아 맞추기

◎ 방법

(1) 사물의 이름이 적혀 있는 카드를 5장 정도씩 돌아가게 받는다.

(2) 받은 카드에 대해 사물의 특징을 살려서 몸으로 표현하는 연습을 한다.(자원봉사자와 함께)

(3) 다시 원으로 앉아서 한사람이 표현하면 다른 사람이 그 사람의 표현을 맞춘다.

(4) 한사람씩 돌아가면서 1개씩 표현해 보도록 한다.

◎ **제목 : 상황카드 맞추기**

◎ **방법**

(1) 상황이 적혀 있는 상황판을 본다.

(2) 상황판에 적혀 있는 내용이 담긴 쪽지를 한사람 당 3장씩 받는다.

(3) 자원봉사자와 함께 상황을 연습하는 시간을 갖는다.

(4) 다시 원으로 앉아서 돌아가면서 상황을 표현해 보도록 한다.

(낱말 카드와 달리 상황카드는 표현하는데 어려움이 있으므로 프로그램 전에 상황이 나오는 판을 만들어 표현하는 행동을 판에서 찾아내는 것이 더 효과적임)

### 4) 참가소감 나누기

구성원들과 돌아가면서 참가 소감에 대한 이야기를 나눈다. "좋았어요" 등의 소감내용에 진행자는 구체적으로 질문을 해준다. "무엇이 좋았나요?"

## 4. 유의점

몸을 이용해 하는 것이기에 처음 시작할 때 구성원들이 안하려고 해서 시작이 안 될 수가 있다. 진행하는 진행자나 자원봉사자가 활동적으로 분위기를 만들어 줄 필요가 있다.

낱말을 표현하는 것은 쉬우나 어떤 상황을 표현 하는 것은 어려울 수도 있다. 상황에 대한 표현이 적절하지 못해도 미리 상황판을 통해 어떤 상황인지 맞출 수 있게 해준다.

구성원들이 표현 하는 것에 대해 많은 격려를 해 줄 필요가 있다.

## 5. 진행유인물

(낱말카드)

시계, 컴퓨터, 수박, 우표, 펭귄,
바이올린, 피아노, 나팔, 자전거, 나무,
전화기, 모자, 마스카라, 메니큐어, 스타킹,
연필, 운동화, 하이힐, 빗, 넥타이,
보름달, 원숭이, 토끼, 냉장고, 바나나,
아이스크림, 핸드폰, 텔레비젼, 꽃, 팥빙수,
의자, 가스렌지, 모기, 포도, 호랑이,
인디언

(상황카드)

아기가 우유를 먹고 있다.
아가씨가 화장을 한다.
어머니가 빨래를 한다.
아저씨가 청소를 한다.
우물가에서 물을 긷고 있다.
컴퓨터를 하고 있다.
횡단보도를 건너고 있다.
매니큐어를 바르고 있다.
요리를 한다.
수영을 한다.
노래를 부르고 있다.
영화를 보고 있다.
전화를 걸고 있다.
연필을 깎고 있다.
축구를 하고 있다.
배구를 하고 있다.

피아노를 치고 있다.
옷을 입고 있다.
테크노 춤을 추고 있다.
줄다리기를 하고 있다.
무거운 물건을 나르고 있다.
간호사에게 주사를 맞고 있다.
떡볶기를 먹고 콧물을 흘린다.
야구경기에서 응원을 한다.
친구에게 선물을 준다.
선생님께 벌을 받고 있다.
아니 땐 굴뚝에 연기나랴.
세살버릇 여든까지 간다.
낮말은 새가 듣고 밤 말은 쥐가 듣는다.
낫 놓고 기억자도 모른다.
소 잃고 외양간 고친다.
금강산도 식후경이다.

## ♣ 4회 : 내가 정한 나무가 되어 봅시다.

### 1. 개요

이 프로그램은 생활적응 훈련시간의 6회 프로그램인 "자연과 어울려 하나가 되어 봅시다."의 나의 나무 찾기 프로그램을 바탕으로 이루어진다.

나의 나무 찾기 시간에 자기 나무를 정하고 나무의 이름을 정해주었다. 모두 일방적으로 우리가 행한 일들이다. 이 시간은 나무의 입장이 되어 보는 것이다. 지난번 그 현장에서 내가 나무라면 뭐라고 했을지 생각해 보는 시간이다. 나의 생각과 더불어 그것을 표현해 보는 시간을 갖는다.

### 2. 준비물

자기 나무와 찍은 사진, 나무에게 묻고 싶은 질문지, 크레파스, 전지

### 3. 활동

#### 1) 몸 풀기 프로그램

기본적인 체조를 한다.

#### 2) 마음풀기 프로그램

◎ **제목 : 꼬마야 꼬마야 줄을 넘어라**

◎ **방법**

(1) 진행자와 자원봉사자가 양쪽 줄을 잡고 "꼬마야 꼬마야 줄을 넘어라" 노래에 맞추어 줄을 넘는다.

(2) 혼자 넘기가 끝나면 둘이서 넘기를 한다.

### 3) 본 프로그램

(1) 감상하기 : 지난 시간 현장학습에서 찍었던 사진과 비디오를 감상한다.

(2) 나무사진 붙이기 : 질문지에 내 나무 사진을 붙이고 질문의 내용을 적는다.

(3) 발표하기 : 구성원이 돌아가면서 질문지의 내용을 발표한다.

(4) 내 나무 그리기 : 전지에 자신의 키와 비슷하게 나무그리기를 한다.

(5) 나무가 되어 봅시다 : 구성원이 전지에 그린 나무로 자신의 몸에 분장을 한다.

(6) 나무는 나에게 뭐라고 말을 했을까? : 진행자의 진행에 따라 구성원들은 돌아가면서 이야기를 나눈다.

(7) 나무에게 자유를 줍시다.

(8) 경쾌한 음악에 맞추어 재미있는 율동이나 춤을 춰본다.

### 4) 소감나누기

돌아가면서 오늘 프로그램에 대한 소감을 나누는 시간을 갖는다. 프로그램 자체에 대한 소감과 상대방이 되어 본 소감이 어떤지 진행자가 구체적으로 물어 봐 준다.

## 4. 유의점

구성원들이 나무가 되었을 때의 느낌을 느끼는 것을 상당히 어려워한다. 진행자와 자원봉사자의 적절한 안내가 필요하다.

## 5. 진행유인물

〈나무 사진 붙이기 〉

1) 내가 지어준 나무이름은 무엇인가요?
2) 내 나무를 처음 봤을 때 나는 어떤 생각이 들었나요?
3) 손으로 만진 나무의 느낌은 어떠했나요?
4) 코로 맡아 본 나무의 냄새는 어떠했나요?
5) 만약 내가 나무라면 나를 처음 봤을 때 뭐라고 했을 것 같은가요?
6) (나무는 사람이 어떻게 해주면 좋아 할까?) 그때 내가 나무라면 하고 싶은 말은?
7) (나무는 사람의 행동 중 어떤 행동을 싫어할까?) 그때 내가 나무라면 하고 싶은 말은?

## ♣ 5회 : 돈으로 살수 있는 것과 돈으로 살 수 없는 것

### 1. 개요

청소년기는 정서적으로 많은 혼란을 경험하는 시기다. 특히 현실지각능력과 대처능력에 문제가 있는 본 프로그램 대상자들은 가정 이외의 학교와 일상생활에서 느끼는 혼동이 많을 수 있다. 구성원 중에는 컴퓨터 게임에 빠져 현실과 혼돈하는 학생들도 있고 정서적으로 메말라 있는 면도 있다.

이 프로그램은 기존의 가치관 경매 프로그램의 변형이라고 할 수 있다. 본 프로그램을 통해 돈이면 다된다는 물질 만능주의 생각에서 벗어나 돈으로 살 수 있는 것과, 돈으로 살 수 없지만 살면서 너무나 중요한 것의 구분과 가상현실에 존재하는 것과, 실제생활에서 중요한 것의 구분과, 돈으로 살 수 없는 것 중 구성원에게 절실하게 중요한 것을 가졌을 때의 느낌을 느껴 보게 하므로 정서적인 만족감과 안정감을 고취시키는데 목적이 있다.

### 2. 준비물

종이 코인, 살수 있는 재료들

### 3. 활동

#### 1) 몸 풀기 프로그램

신체를 이완 할 수 있는 기본적인 체조

#### 2) 마음풀기 프로그램

◎ 제목 : 신문지 눈싸움하기

◎ 방법

(1) 개인당 10장의 신문지를 나누어 준다.

(2) 자신을 힘들게 했던 일, 화나게 했던 일, 억울한 일 등 부정적인 감정을 생각하게 하고 "아주 센 힘"으로 신문지를 구긴다. 구겨서 공을 만든다.

(3) 조를 2조로 나눈다

(4) 마주보고 서서 가운데에 책상으로 경계를 만든다.

(5) 등을 돌리고 일렬로 선다.(정면으로 던지면 얼굴을 다칠 수도 있으므로 뒤돌아서 시행한다.)

(6) 시작 신호와 함께 신문지 뭉치를 뒤로 던진다.

### 3) 본 프로그램

◎ 제목 : 돈으로 살 수 있는 것과 돈으로 살 수 없는 것

◎ 방법

(1) 구성원들과 함께 돈으로 살수 있는 것에는 어떤 것들이 있는지 이야기를 나눈다.

(2) 돈으로 살 수 없는 것에는 어떤 것이 있는지 이야기 나눈다.

(3) 개인적으로 돈으로 살 수 있는 것 3가지, 돈으로 살 수 없는 것 4가지를 구매 카드에 적어 본다.

(4) 구매카드 중 중복 되는 거나 "지구를 지배 한다" 등 현실성이 없는 것은 구성원에게 양해를 구하고 빼낸다.

(5) 구성원들에게 10,50,100으로 된 종이 지폐를 나누어 준다.

(6) 구성원들이 적은 구매 카드를 바탕으로 경매를 한다.

(7) 경매가 끝나면 자신이 산 품목들을 돌아가면서 확인하고 그것을 산 이유

를 발표한다.

(8) 자신이 산 것 중 돈으로 살 수 없는 것 하나를 선택해 그것을 가졌을 때의 느낌이 어떤지 이야기 하는 시간을 갖는다.

(9) 구성원 각자가 돈으로 살 수 없는 것 중 자신이 가장 소중히 여기는 목록을 가슴에 대고 그것을 가졌을 때의 느낌을 느껴보는 시간을 갖는다.

### 4) 소감나누기

## 4. 유의점

1) 마음 풀기 프로그램 중 정면으로 신문을 맞으면 부상의 위험이 있으므로 서로 뒤를 보고 던지는 것이 안전하다.

2) 신문을 구겼을 때의 소감을 물어 보면 대부분 시원하다, 재미있다 등의 반응이 나온다.

구성원들 중에는 충동 조절의 문제가 있는 학생들도 있고, 학교에서의 왕따 등으로 폭력에 대한 욕구가 강한 학생들도 있다. 이런 학생들에게는 참으라는 말은 별로 도움이 안 된다. 이런 학생들이 분노나 스트레스를 조절 할 수 있도록 자기만의 스트레스 해소법이 필요하다.

# ♣ 6회 : 협동 놀이를 합시다.

## 1. 개요

이번 프로그램은 단체로 행동을 하는 것이 불편하고 익숙하지 않은 구성원들이 그룹으로 만나 할 수 있는 놀이를 통해서 친화력을 높이고 다른 구성원에 대한 신뢰감을 높이는 게 목적이다

## 2. 준비물

필기도구, 달팽이 그림, 성냥개비

## 3. 활동

### 1) 몸 풀기 프로그램

몸의 이완을 도울 수 있는 기본적인 체조를 한다.

### 2) 마음풀기 프로그램

◎ 제목 : 성냥개비 쌓기

◎ 방법

(1) 2명이 한조가 된다.

(2) 자원봉사자가 각 조당 1명씩 배정된다.

(3) 조원끼리 순서대로 성냥개비를 쌓아 간다.

### 3) 본 프로그램

◎ 제목 : 대형시계를 만들기

◎ 방법

(1) 시계를 구성하는 요소를 이야기 나눈다.

(2) 각자 필요한 부품을 맡는다.

(3) 자신들의 몸을 이용해 시계를 만들고 정해진 시간을 만들어 본다.

◎ **제목 : 인간 피라미드 만들기**

◎ **방법**

(1) 피라미드의 모양을 그려보고/사람으로 피라미드를 만들면 어떤 모양인지 그린다.

(2) 구성원 숫자를 고려해 인간 피라미드 구조를 그려본다.

(3) 체격 순으로 자리를 배치한다

(4) 인간 피라미드를 만든다.

◎ **제목 : 인간 오뚝이 만들기**

◎ **방법**

(1) 구성원이 원으로 둘러서서 틈이 안 생기게 옆 사람 팔짱을 낀다.

(2) 중앙의 술래는 눈을 감고 몸에 힘을 뺀다.

(3) 구성원 들은 술래가 오뚝이처럼 넘어지지 않고 이쪽저쪽으로 흔들릴 수 있도록 몸으로 밀어 준다.

◎ **제목 : 달팽이 그림 그리기**

◎ **방법**

(1) 2명씩 짝을 정한다.

(2) 달팽이 모양의 미로가 그려진 종이를 준비한다.

(3) 한명은 눈을 감고 연필을 든다.

(4) 다른 한명은 눈을 감은 사람이 무사히 미로를 빠져 나오도록 눈이 되어 불러 준다.

(5) 그림이 완성되면 눈을 뜨고 확인한다.

(6) 반대로 역할을 바꾸어 시행한다.

### 4) 소감나누기

## 4. 유의점

신체를 이용한 프로그램에 많으므로 몸 풀기 시간에 충분하게 신체 이완을 한다.

## ♣ 7회 : 남자와 여자는 어떻게 다른가요(1)<br>남자와 여자는 어떻게 다른가요(2)

### 1. 개요

청소년기는 이성에게 관심을 갖기 시작하는 시기다. 또한 신체적인 부분에 있어서도 많은 변화가 있는 시기다. 이 프로그램에 참여하는 학생들은 교우관계의 폭이 좁기 때문에 이성과 관련된 지식과 성에 관련된 상식을 정상적으로 받아들이고 이해하는 데는 제한 사항이 많다. 따라서 인터넷 등의 음란 사이트를 통해서 성에 대한 왜곡된 지식을 받아들일 수가 있다. 프로그램을 통하여 성과 관련된 상식을 자연스럽게 받아들이고, 이성 간에 지켜야 할 예절에는 어떤 것이 있는지 알아보는 시간을 갖고자 한다.

### 2. 준비물

비디오, TV, 성교육 영상자료, 교육자료

### 3. 활동

#### ♣ 1회

**1) 몸 풀기 프로그램**

몸을 이완할 수 간단한 체조를 한다.

**2) 본 프로그램**

◎ 제목 : 남자와 여자는 어떻게 다른 가요 (1)

(1) 프로그램의 내용과 하는 목적에 대해서 설명해 준다.

(2) 성교육과 관련된 비디오를 감상한다.

(3) 비디오에 대한 내용을 세부적으로 설명한다.

(4) 남자 여자의 생리현상에 대해서 알아보고 뒤처리 방법에 대해서 배운다.

(5) 오늘 내용에 대한 토의와 질문하기

### 3) 소감나누기

## ♣ 2회

### 1) 몸 풀기 프로그램

몸을 이완할 수 있는 간단한 체조를 한다 .

### 2) 본 프로그램

◌ 제목 : 남자와 여자는 어떻게 다른 가요 (2)

(1) 사춘기에 대해 알아보는 시간을 갖는다.

(2) 동물의 성교와 사람이 하는 성행위의 차이점에 대해서 이야기 나눈다.

(3) 음란 비디오의 영향에 대해서 이야기 나눈다.

(4) 바람직한 이성친구와의 교재방법에 대해서 알아본다.

(5) 고민 나누기 시간 갖기(남자그룹, 여자그룹으로 나눈다)

### 3) 소감나누기

## 4. 유의점

진행 유인물의 내용 중 자위행위에 대한 내용을 금기시 하거나 나쁘다는 말을 배제했다. 그런 이유는 자위행위를 하고 있는 학생들이 있으므로 너무나 부정적 인식을 주면은 대상 학생들의 죄책감을 느낄 수 있기 때문이다.

## 5. 진행유인물

[남자, 여자의 생리현상과 뒤처리 방법을 배웁시다 ]

### 1) 성 충동이란 무엇인가요?

(1) 남자는 몸에서 정자가 만들어져 모이게 되면 방광에 소변이 차면 소변을 배설하고 싶듯이 축적되어 있는 정자도 배설하고 싶은 욕구를 느끼게 된다. 그것을 성 충동이라 한다.

(2) 그럴 때 자위행위를 하기도 하고 때로는 여자와 성교를 하고 싶은 욕구가 생기며 성기가 꿈틀거리고 부풀어 오르기도 한다. 그러다 야한 생각을 안 하거나 어느 정도 시간이 되면 부풀어 오른 성기가 다시 원래의 모양으로 돌아간다.

(3) 여자들의 경우는 몸에서 난자를 만들어 내고 생리를 해도 남자처럼 성교를 하고 싶은 마음은 많지 않다고 한다. 여자들의 경우는 대부분 결혼을 하고 몇 번의 성교를 해야만 성 충동을 느낄 수 있다고 한다.(개인마다 차이가 있음)

### 2) 남자의 몽정과 여자의 생리

(1) 남자도 여자처럼 생리를 하는데 이것을 몽정이라고 한다. 여자처럼 규칙

적으로 하는 게 아니라 불규칙적으로 하게 된다.

(2) 남자가 여자를 만나 성교를 하고 정자와 난자가 만나 아기가 만들어지면 상관없는데, 그렇지 못할 경우 남자의 몸에는 정자가 모여서 쌓여 있다. 이것이 꿈속에서 배출되는 것이 몽정이라고 할 수 있다.

(3) 여자의 경우는 생리란 난자와 정자가 만나 아기가 될 경우 아기가 당분간 자랄 때 필요한 영양분이라고 할 수 있다. 그래서 임신이 되면 생리를 안하게 되는 것이다.

임신이 안될 경우 매달 자궁벽에 비축해 두었던 영양분이 떨어져 나오는 것이 생리이다.

### 3) 남자의 자위행위, 여자의 자위행위

(1) 남자의 자위행위는 성기를 손으로 만져서 성기가 부풀어 오르고 거기서 더 자극되면 그동안 모아 놓았던 정액이 쏟아져 나오는 것이다(이때의 느낌은 소변을 볼 때의 시원한 느낌과 짜릿하고 황홀한 느낌이 든다고 한다.).

(2) 남자들의 경우 소변참기가 어렵듯이 정액이 모여 있는 것을 배출하지 않으면 힘들다고 한다. 물론 몽정을 통해서 배출도 되지만 개인차가 있어서 참기가 힘든 사람도 있다고 한다. 그래서 스스로 자위행위를 통해서 배출하기도 한다. 여러분들 중에도 자위행위를 하는 사람이 있을 수 있다. 자위행위 자체가 나쁜 행동은 아니지만 너무 자주하거나 절제하지 못하는 것이 문제가 된다.

### 4) 자위행위시 지켜야 할 것들

(1) 더러운 손은 세균이 감염 되니 손을 청결하게 한다.

(2) 외롭거나 시험 등으로 긴장할 때 자위행위를 하게 되면 중독이 되고 기분이 더 안 좋아 질수 있으니 그럴 때는 여행, 등산, 음악감상, 그림그리기, 운동 등 자신이 좋아하는 것을 하도록 한다.

(3) 자위행위를 하다 정액이 밖으로 나오는 것이 싫어 성기 입구를 꽉 잡아 누르는 행위는 삼가 한다.

(4) 여자의 자위행위는 자신의 성기를 자기가 만져서 기분이 좋아지는 경우라고 할 수 있다. 어떤 경우 우연히 목욕을 하다 성기를 만지게 되어 기분이 좋은 느낌이 들어 자꾸 만지는 경우가 여기에 해당한다. 자위행위 자체가 금기시 되거나 나쁜 것은 아니지만 경험 있는 학생들의 이야기들이 호기심으로 한번 자신의 성기를 만졌는데 습관적으로 하게 되고 이런 행위를 하게 되어 일상적인 일에도 방해가 되고 자신이 나쁜 짓을 한 것 같아 기분이 우울하다고 말을 하기도 한다. 또한 청결하지 못한 손으로 자위행위를 해 병의 원인이 되기도 한다.

(5) 여자들의 경우 앞으로 아기를 낳아야 하는 소중한 몸이므로 귀하고 청결하게 관리할 필요가 있다.

## 5) 임신

(1) 여성이 임신을 하면 생리가 다음달부터 나오지 않는다. 2-3개월 쯤 되면 입덧, 헛구역질, 신 것을 좋아하고 뼈도 약해지고 이도 흔들리고 머리카락이 빠지며 몸이 허약해진다.

5-6개월이 되면 표면상으로도 배가 불러오는 것을 알 수 있다. 젖이 커지면서 젖꼭지가 검붉은 색으로 변하기도 한다.

### 6) 사춘기에 대해서 알아봅시다

(1) 사춘기를 우리는 제2의 성장이라고 한다. 유아기를 거쳐 성인으로 가기까지의 중간단계라고 할 수 있다. 이 시기는 남자는 정자가 만들어지고 여자는 생리를 하면서 미래에 아기를 낳은 수 있는 몸과 정신이 만들어지는 시기다. 이시기가 되면 육체적으로 정신적으로 많은 변화를 경험하게 된다.

(2) 육체적 변화 : 남자는 얼굴에 여드름이 나고, 변성기가 되고, 성기 부위에 털이 나고, 몽정을 경험한다. 야한 상상이나 사진을 보면 성기가 부풀어 오른다. 여자는 생리를 하고, 가슴이 나오고, 허리가 가늘어지고, 엉덩이가 커진다.

(3) 정신적 변화 : 감정의 변화가 심하다. 부모님의 말씀에 반감이 생긴다. 외모에 신경을 많이 쓴다. 짝사랑을 하여 가슴앓이를 한다. 이성의 벌거벗은 몸에 관심이 간다. 빨리 어른이 되고 싶어 어른들의 복장이나 행동을 모방한다.

### 7) 동물이 하는 성교와 사람이 하는 성행위의 차이점

(1) 동물이 성교를 하는 것을 교미라고 한다. 이것은 오로지 종족을 번식시키기 위한 본능에 의해서 하게 된다. 이들은 일년에 일정기간 정해진 발정기만 교미를 한다.

(2) 그 반면 사람이 하는 성행위는 여러 가지 의미가 있다. 사람은 발정기가 없다. 자신의 성욕을 스스로 조절할 수 있다. 바람직한 성 관계는 상대방이 사랑하는 감정과 서로를 배려하는 마음을 갖는 것이라고 할 수 있다. 또한 임신가능성도 있으므로 예비 엄마,아빠로서의 마음가짐도 중요하

다.

### 8) 음란 비디오의 영향

(1) 음란 비디오는 동물들의 교미나 사람들의 성 관계와 나체 사진 등을 담은 비디오를 말한다.

◆ 피해 : 1. 모든 사람을 음란물의 배우처럼 생각하게 된다.
2. 자극제가 되어 충동조절이 안되어 되돌릴 수 없는 실수를 하게 된다.
3. 서로에게 왜곡된 성 지식을 갖게 된다.
4. 결혼 후 불성실해진다.

(2) 감정의 변화가 심한 사춘기 때는 우연하게 보게 된 왜곡된 비디오나 잡지의 내용이 왜곡된 성 지식을 전달할 수 있고 그런 행위자체를 불결하고 더러운 것으로 받아들일 수 있다.

### 9) 바람직한 이성 친구와의 교제방법

(1) 성장의 과정에 있는 여러분들은 앞으로 많은 사람을 만나게 됩니다. 현재 마음에 드는 사람도 있고 그 사람이 어느 순간 싫어지기도 한다. 또 어느 순간 너무 좋아지기도 한다.

(2) 그렇게 많은 시행착오를 겪으면서 나와 잘 맞는 이성은 어떤 사람인가 알게도 되고 마침내 사랑하여 일생을 함께 할 이성을 만나기도 한다. 그러므로 현재 내가 좋아하는 이성이 있는데 그쪽에서 나를 안 좋아 한다고 실망하거나 이른 나이에 마음에 드는 이성이 있다고 해서 너무 깊게 좋아하지 말고 폭넓은 교우관계를 할 필요가 있다.

(3) 사랑을 하게 되면 그 사람과 좀더 함께 있고 싶고 그 사람을 만지고 싶고

아기를 만드는 일을 하고 싶은 느낌을 강하게 받기도 한다. 이런 경우 상대방의 몸과 나와 상대방의 미래를 위해서 성 충동을 자제해야 한다. 특히 여성의 몸은 앞으로 아기를 낳을 몸이니 귀중하고 소중하게 다루어 주어야 한다.

(4) 여성의 경우 이성이 자신의 몸을 더듬고 만지려고 할 때는 상대방이 무안하지 않게 예의를 갖추어 "안돼, 내 몸을 함부로 다루지 마"라고 이야기 할 수 있어야 한다.

(5) 몇몇 청소년들은 성에 대해서 왜곡된 생각을 갖기도 한다. 남자의 경우 몇 명을 정복했냐에 우월감을 느끼고, 여자의 경우 자신을 쫓아다닌 남자가 많다. 자신이 유혹한 남자의 수에 우월감을 느끼기도 한다. 성에 대한 바람직한 생각은 내 몸을 소중히 여기고 상대방의 몸도 소중히 여겨서 평생을 함께 할 사랑하는 사람을 만나 하는 성행위가 바람직하다. 그래서 사랑의 산물이라고 할 수 있는 아기가 태어나고 한 가정을 꾸려 아기에게 단란한 보금자리를 마련해 주어야 한다.

## ♣ 8회 : 나의 하루를 생각해 봅시다.

### 1. 개요

이 프로그램은 바쁘게 지나가는 하루 생활을 일기처럼 한번 되돌아보는 시간을 갖고자 준비한 것이다. 참석하는 구성원 중의 일부는 산만하고 집중이 안되고 자발적으로 자신의 일을 처리하는 능력이 없어서 학교 가는 준비를 부모가 도와주는 학생들도 있다.

어떤 부모님은 아침에 못 일어나는 아이를 깨워서 학교까지 보내는 것이 전쟁이라고 표현하기도 한다. 이런 구성원이 이 시간을 통하여 자신의 아침을 생각해 보는 시간을 갖고자 한다. 또한 감정처리의 미숙으로 교우관계에서 오는 스트레스를 간접경험을 통해서 풀어보고, 나 표현법을 연습하는 시간을 갖고자 한다.

## 2. 준비물

리본테이프, 녹음기, 음악

## 3. 활동

### 1) 몸 풀기 프로그램

몸을 이완 시키는 기본적인 체조를 한다.

### 2) 마음풀기 프로그램

◎ **제목 : 높이 매달린 통이 치기**

(1) 천정에 길이 순으로 리본 테이프 매단다.

(2) 한명씩 천정에 달려 있는 테이프를 쳐본다.

(3) 테이프를 치기 위해서 점프를 많이 하도록 유도한다.

◎ **제목 : 다리 높이 들어올리기**

(1) 2명씩 짝을 만든다.

(2) 다리 운동을 한다.

(3) 다리 높이 올리기 연습을 한다.

(4) 길이 순으로 붙어 있는 테이프를 다리로 차본다.

◎ 제목 : 닭싸움하기

(1) 2조로 나눈다.

(2) 조 대항 닭싸움을 한다.

(3) 진 팀이 이긴 팀을 엎어준다.

### 3) 본 프로그램

◎ 제목 : 나의 아침을 생각해 봅시다.

(1) 구성원들에게 이 프로그램을 하는 이유를 설명해 준다.

(2) 편안한 자세로 앉는다.

(3) 진행자의 멘트에 따라 생각해보고 그 상황을 느껴본다.

(4) 돌아가면서 어떠했는지 이야기 나눈다.

◎ 제목 : 오늘 학교생활을 생각해 봅시다.

(1) 구성원들에게 이 프로그램을 하는 이유를 설명해 준다.

(2) 편안한 자세로 눕거나 앉는다.

(3) 진행자의 멘트에 따라 그 시간을 생각해보고 상황을 느껴본다.

(4) 돌아가면서 어떠했는지 이야기 나눈다.

(5) 화가 나거나 힘들었던 대상을 선정한다.(이것은 오늘 일이 아니라도 됩니다.)

(6) 자원봉사자와 1명 또는 2명으로 그룹을 짠다.(비슷한 문제를 조원으로 하면 좋음)

(7) 조별로 힘들었던 상황을 이야기하고 힘들게 했던 사람에게 하고 싶었던 말을 해 본다.

(8) 다시 원으로 둘러 앉아 연습을 했던 상대방에게 하고 싶었던 말을 돌아가면서 해 본다.

(9) 구성원들은 박수를 쳐준다.

◎ 제목 : 이제는 잠자리에 드는 시간입니다.

(1) 구성원들에게 이 프로그램을 하는 이유를 설명해 준다.

(2) 편안한 자세로 눕는다.

(3) 진행자의 멘트에 따라 상황을 상상하고 느껴본다.

(4) 경쾌한 기상음악을 틀어준다.

### 4) 소감나누기

## 4. 진행유인물

**[나의 아침을 생각해봅시다]**

나는 지금 잠에서 깨어났습니다.

일어나기 싫어서 이불을 다리 사이에 끼고 이리 뒤척 저리 뒤척 해봅니다.

어머니께서 부르는 소리가 들립니다. 어떤 사람들은 본인 스스로 일어나는 경우도 있을 것입니다

이불을 박차고 화장실에 갑니다. 반쯤 감긴 눈으로 시원하게 “소변을 봅니다” 어쩜 아침에 대변까지 보는 사람도 있겠군요. 칫솔에 치약을 묻혀서 양치질을 한다. “하푸하푸”물소리를 내면서 세수도 하구요. 엄마는 목까지 깨끗이 닦아라 말씀 하시지요 방으로 가서 옷을 갈아입는 사람도 있고 식탁에 가서 아침을 먹는 사람도 있을 것입니다

책가방을 챙겨 신발을 신고 "다녀오겠습니다" 인사를 하고 학교로 향합니다.

**[오늘 학교생활을 생각해 봅시다]**

학교에 가고 있는 내 모습을 생각해 봅시다. 학교가 좋은 친구도 있고 가기 싫은 친구도 있을 것입니다.

아침 조회를 하고 수업을 시작합니다. 수업시간이 즐거운 친구도 있고 졸립고 따분한 친구도 있을 것입니다. 모르는 수학문제나 영어문제를 시킬까봐 두려워하고 있을 수도 있습니다. 선생님께 칭찬을 받는 친구도 있고 혼이 나고 있는 친구도 있고 체육시간이라 운동을 하고 있을 수도 있습니다. 그 밖의 자신의 모습을 상상해 보세요. 점심시간입니다. 여러 명이 모여 밥을 먹을 수도 아니면 혼자서 먹을 수도 있습니다. 친구들과 사이좋게 노는 친구도 있고 친구들에게 괴롭힘을 당하는 친구도 있습니다. 이제 오후 수업시간입니다 점심을 먹고 나니 너무나 졸립습니다. 빨리 수업이 끝나고 집에 갔으면 좋겠습니다.

그 밖의 여러분의 오후 시간을 생각해 보세요. 이제 청소를 하고 종례를 하고 교문을 나서려고 합니다. 오늘 하루 학교에서 있었던 일중 나에게 안 좋았던 일을 떠올립니다. 나에게 좋았던 일을 떠올립니다. 이제 수업을 마치고 집으로 향합니다.

**[이제는 잠자리에 드는 시간입니다]**

하루를 편히 보내셨나요. 아마 많은 일들이 있었겠지요. 자기 전 세수하고 양치하고 소변은 봤나요. 이제 편안히 잠자리에 드는 시간입니다. 푹신한 이

불에 누워서 이불을 덮고 있기도 하고 다리사이에 이불을 끼고 있기도 하고, 여러분이 누웠을 때 제일 편안한 자세를 생각해 보세요.

하루 종일 여러 가지 일이 있었겠지요. 자! 여러분을 칭찬해 주세요. 그리고 여러분의 볼을 쓰다듬어 주세요. 이제 잠자리에 들 시간입니다.....

## ♣ 9회 : 나를 편안하고 즐겁게 만들어 봅시다.

### 1. 개요

우리는 흔히 안절부절 못하거나 불편한 감정을 느낄 때가 있다. 왜 그럴까 하고 자세히 생각해 보면 한가지의 감정이 아닌 여러 가지의 감정이 서로 얽혀 있는 것을 느낄 때가 있을 것이다. 정서적으로 많은 어려움을 겪는 구성원들이 자신들이 어떤 감정들을 갖는지 스스로 정리를 해보고 부정적인 영향을 미치는 감정을 상징적인 방법을 통하여 해소시키고 정서적으로 안정되게 하는데 이유가 있다.

### 2. 준비물

옷핀, 종이카드, 막대사탕, 유인물

### 3. 활동

#### 1) 몸 풀기 프로그램

몸을 이완 할 수 있는 기본적인 체조를 한다.

### 2) 마음풀기 프로그램

◎ 제목 : 에어로빅을 따라 합니다.

◎ 방법

(1) 3줄로 선다.

(2) 진행하는 자원봉사자의 구령에 따라 동작을 연습한다.

(3) 음악에 맞추어 땀이 날 때 까지 운동을 한다.

### 3) 본 프로그램

◎ 제목 : 나와 가까운 감정과 행동을 알아봅시다.

◎ 방법

(1) 프린트해준 자료의 부정적인 감정과 행동, 긍정적인 감정과 행동을 하나 하나 설명을 해준다.(예: 못살게 하고: 콩쥐네 집에 새엄마로 온 팥쥐 엄마는 콩쥐를 못살게 들들 볶는다.)

(2) 종이카드를 각각 10장씩 나누어 준다.

(3) 종이카드에 나누어준 유인물의 부정적이고 긍정적인 감정과 행동들 중 나의 마음과 같은 것을 찾아서 적어본다.

(4) 자신의 카드를 옷핀이나 스카치테이프를 이용해 나의 몸에 부친다.

(5) 부정적인 감정이 비슷한 학생들끼리 2명 정도씩 조를 짜본다.

(6) 조별로 개인이 그런 감정을 느낄 때가 언제 인지 이야기 나눈다.

(7) 조별모임이 끝나면 전체로 자신의 몸에 붙어 있는 카드를 소개한다.

(8) 한명씩 앞으로 나오게 하고 진행자는 학생의 몸에 붙어 있는 카드 중 부정적인 문구가 적힌 카드를 한 장씩 소개하면서 옷에서 띠어 준다. 카드가 한 장씩 띠어 질 때마다 다른 사람들은 박수를 쳐준다.

⑼ 자신의 몸에 남아 있는 긍정적 카드 중 제일 마음에 드는 것이나, 아니면 새롭게 만들고 싶은 긍정적 마음이 있다면 그 카드를 다시 만들어 가슴에 품어보고 그럴 때의 기분이 어떨지 느껴 본다.

⑽ 다른 친구들은 박수를 친다.

⑾ 앞에 나온 학생에게 진행자는 예쁜 막대사탕을 선물해준다.

⑿ 구성원 전부 이와 같은 방식으로 프로그램을 체험하게 한다.

### 4) 소감나누기

## 4. 유의점

학생들이 자신의 감정을 느끼고 구분하는 것을 힘들어한다. 이 프로그램은 비록 인위적인 방법이지만 부정적인 감정과 긍정적인 감정을 구분해 보고 긍정적인 감정의 경험을 해보고자 만들어졌다.

## 5. 진행유인물

아래의 자료는 그룹 활동과 인간관계 훈련 Ⅱ(전요섭 선생님/ 은혜출판사)의 내용을 참조했습니다.

## 나와 제일 가까운 것들 (1)

| | | |
|---|---|---|
| • 미워하고 | • 상처를 주고 | • 거짓말하고 |
| • 귀찮게 하고 | • 꾸짖고 | • 놀라게 하고 |
| • 신경질 내고 | • 멸시하고 | • 창피를 주고 |
| • 소리 지르고 | • 싸우고 | • 말 안하고 |
| • 저주하고 | • 헐뜯고 | • 못살게 하고 |
| • 비판하고 | • 짜증내고 | • 파괴하고 |
| • 서글프게 하고 | • 보복하고 | • 편애하고 |
| • 버릇없고 | • 흘겨보고 | • 음란하고 |
| • 조롱하고 | • 때리고 | • 비꼬고 |
| • 싫어하고 | • 농담하고 | • 경쟁하고 |
| • 욕하고 | • 교만하고 | |

## 나와 제일 가까운 것들(2)

| | | |
|---|---|---|
| • 함께 기뻐하고 | • 귀여워 해주고 | • 친근하고 |
| • 착하고 | • 인내하고 | • 관심있고 |
| • 온순하고 | • 인정많고 | • 믿어주고 |
| • 순종하고 | • 부지런하고 | • 편안하고 |
| • 도와주고 | • 재미있고 | • 행복하고 |
| • 이해하고 | • 겸손하고 | • 자상하고 |
| • 사랑하고 | • 충성하고 | • 웃음짓고 |
| • 칭찬하고 | • 진실하고 | • 즐겁게 |
| • 인정해주고 | • 우애하고 | • 기쁘게 하고 |
| • 화목하고 | • 차분하고 | |

## ♣ 10회 : 화해의 언덕 오르기를 해봅시다.

### 1. 개요

이 프로그램은 생활하면서 부정적인 감정이 들게 했던 사람에 대해서, 그 순간 표현하고 싶었던 감정이나 말을 역할극을 통해 표현하고 그 사람을 용서하는 것이 목적이다. 구성원들은 상대를 헐뜯고 미워하기보다는 그 사람을 용서할 때 마음이 즐거워지는 것을 느끼게 된다.

※ 도움 받은 책: 다시 떠오르기(아봐타 제1부 실습교재)/ 해리팔머 지음, 정신세계사

### 2. 준비물

없음

### 3. 활동

#### 1) 몸 풀기 프로그램

몸을 이완시키는 체조를 한다.

#### 2) 마음풀기 프로그램

◎ 제목 : 무궁화 꽃이 피었습니다.

◎ 방법

(1) 구성원들에게 무궁화 꽃이 피었습니다. 놀이를 설명해 준다.

(2) 술래의 장소를 정한다.

(3) 가위, 바위, 보로 술래를 정한다.

(4) 게임을 한다.

### 3) 본 프로그램

◎ 제목 : 화해의 언덕 오르기를 해봅시다.

◎ 방법

(1) 나를 화나게 하거나 부당하게 대했던 한사람을 떠올린다.

(2) 원으로 서서 개개인의 자신의 이야기를 해봅시다.

(3) 자원봉사자와 1명 또는 2명으로 조성된 조를 정한다.

(4) 조별로 동산에 올라가면서 자신을 화나게 했던 사람에게 하고 싶은 말, 욕하고 싶은 것을 하면서 올라간다.

(5) 언덕 위에 올라가서 휴식시간을 갖는다.

(6) 자원봉사자가 구성원의 상대역을 맡아 준다.

(7) 한 조씩 돌아가면서 구성원은 자원봉사자가 자신을 화나게 했던 사람이라고 생각하고 하고 싶은 이야기를 한다.

(8) 자원봉사자는 "너가 이일로 많이 속이 상했겠구나, 그럴 의도는 아니었는데 너를 속상하게 한부분에 대해서 미안하게 생각한다"는 이야기를 한다.

(9) 한 팀이 끝날 때마다 박수를 쳐 준다.

(10) 내려오는 길에는 나를 화나게 했던 그 사람을 생각하면서 상대가 옆에 있다고 생각하면서 좋은 말을 해준다.

### 4) 소감나누기

## 4. 유의점

이 프로그램은 야외에서 진행되는 것이다. 10분정도 걸을 수 있는 동산이나 공원 등 자연을 접할 수 있는 곳에서 진행한다.

## ♣ 11회 : 과거, 현재 그리고 미래

### 1. 개요

이 프로그램은 구성원 개개인이 자신을 바라보는 시간을 갖기 위해서 만들어 졌다.

일반청소년들보다 좀더 심각한 정서적 문제가 있고 사회생활을 원만히 하기에는 여러 가지 제약사항이 있지만 이들이 자신의 과거 현재를 돌아 보며 자신에 대해서 알고 내가 아닌 부모나 주위사람에게 관심을 갖는 시간을 갖고 자신감을 회복할 수 있는 하나의 계기를 마련하고자 한다.

### 2. 준비물

전지, 매직펜, 진행 유인물, 풀

### 3. 활동

#### 1) 몸 풀기 프로그램

몸을 풀 수 있는 간단한 체조하기

#### 2) 마음풀기 프로그램

◎ 제목 : 수건돌리기

◎ 방법

(1) 구성원들이 원으로 둘러앉아서 노래를 부른다.
(2) 술래는 수건을 갖고 구성원 모르게 뒤에 놓는다.
(3) 수건이 놓여진 사람이 술래가 되어 이 놀이를 반복한다.

### 3) 본 프로그램

◎ 제목 : 과거, 현재 그리고 미래

◎ 방법

(1) 프로그램실의 도구를 치우고 방 전체에 흰 전지를 깐다.
(2) 흰 전지에 개인별로 자신의 영역을 만든다.
(3) 자신의 영역 안에 과거, 미래, 현재의 자신만의 방을 나눈다.
(4) 각각의 영역에 어머니, 아버지, 형제들과의 관계, 반 친구들, 나는 스트레스 받으면 어떻게 하나? 나는 어떤 사람인가? 의 물음이 적혀있는 질문지를 부친다.
(5) 전지에 선으로 구분된 과거의 방에서 질문내용을 생각해 보는 시간을 갖는다.
(6) 현재의 방으로 옮겨서는 그들에게 하고 싶은 말과 질문의 내용을 바닥에 적어본다.
(7) 미래의 방에서는 그 사람들과의 관계에서 내가 바라는 것을 바닥에 적어본다.
(8) 끝나면 자원봉사자와 함께 자신의 과거, 현재, 미래의 물음에 대한 답을 정리해 본다.
(9) 구성원들이 각자 자신의 미래의 방에 남긴 내용을 발표하는 시간을 갖는다.

### 4) 소감나누기

## 4. 유의점

1) 자신의 영역을 만들고 방을 만드는 것을 자신만이 소유할 수 있는 소중한 공간이라는 느낌을 주는 것이 필요하다.
2) 자신의 방안에서는 누구의 간섭도 없고 내 마음대로 할 수 있는 곳이라는 느낌을 진행자는 학생들에게 설명해 준다.
3) 자원봉사자는 학생들이 미래의 내용을 쓸 때 긍정적이고 목표로 삼을 수 있는 것을 쓸 수 있게 도와준다.
4) 전지 1장을 자신의 방으로 생각하게 하여 여기에 과거, 미래, 현재의 구분을 선으로 표시해 준다.

# ♣ 12회 : 실제로 할 수 있는 일, 상상에서 할 수있는 일, 버리고 싶은 일의 요술 상자 만들기

## 1. 개요

청소년들은 이시기에 폭력에 대한 동경이 강하고 영화나 인터넷 게임 등의 상황과 현실을 혼돈하는 경향이 있다. 특히 프로그램 참여 학생들은 결여된 대인관계로 자신만의 상상의 세계로 빠질 가능성도 있다. 이 프로그램을 통해서 할 수 있는 일, 할 수 있지만 해서는 안 되는 일, 상상에서만 할 수 있는 일 등의 구분을 연습해 보고자 한다. 이런 과정이 이들에게 자신감으로 연결 될 수 있는 부분이고 이들 생활 주변의 것들에 대해서 그들 나름대로 구분하는 연습이 되리라 생각한다.

## 2. 준비물

상자4개 ,필기도구, 종이

## 3. 활동

### 1) 몸 풀기 프로그램

몸을 풀 수 있는 간단한 체조하기

### 2) 마음풀기 프로그램

◌ **제목 : 고양이와 쥐게임**

◌ **방법**

(1) 고양이와 쥐를 구성원 중에서 선택한다.

(2) 쥐를 가운데 두고 구성원들이 원으로 둘러선다.

(3) 구성원들은 쥐가 원을 나가거나 들어 갈 때는 자유롭게 통로를 열어준다.

(4) 고양이가 원안으로 들어오려 할 때는 몸으로 막아서 쥐에게 숨을 곳을 마련한다.

(5) 쥐가 고양이에게 잡히면 잡힌 쥐가 술래인 고양이를 맡고, 쥐의 역할은 구성원끼리 돌아가면서 맡는다.

### 3) 본 프로그램

◌ **제목 : 실제로 할 수 있는 일, 상상에서 할 수 있는 일, 버리고 싶은 일의 요술 상자 만들기**

◎ 방법

**(1) 요술 상자에 담기**

① 요술 상자 4개를 만든다.(할 수 있는 일, 할 수 있지만 해서는 안되는 일, 상상에서만 할 수 있는 일, 버리고 싶은 일로 구분함 )

② 내가 버리고 싶은 것이 무엇인가 쪽지에 적어서 해당 상자에 담는다.

③ 내가 하고 싶은 것 중에서 실제로 할 수 있는 일을 쪽지에 적어 해당 상자에 담는다.

④ 내가 하고 싶은 것 중에서 할 수 있지만 해서는 안 되는 일을 쪽지에 적어 상자에 담는다.

⑤ 내가 하고 싶은 것 중에서 상상에서만 할 수 있는 일을 쪽지에 적어 상자에 담는다.

**(2) 버리고 싶은 상자의 쪽지 없애기**

① 진행자가 버리고 싶은 상자의 쪽지를 소개한다.

② 그 상자의 것이 사라졌을 때의 느낌을 느끼게 하고 그 소감을 묻는다

③ 학생들이 보는 앞에서 진행자는 그 상자의 쪽지를 없앤다.

**(3) 다른 상자 내용 소개하기**

① 진행자는 실제로 할 수 있는 일의 상자 내용을 소개한다.

② 진행자는 할 수는 있지만 해서는 안되는 일의 상자내용을 소개한다.

③ 진행자는 상상에서만 할 수 있는 일의 상자 내용을 소개한다.

④ 실제로 할 수 있는 일과 실행에 옮기면 안되는 일에 대해서 이야기 나눈다.

#### (4) 내가 할 수 있는 것 알아보기

① 구성원들에게 실제로 내가 할 수 있는 것 중의 하나를 정하게 한다.

② 2명씩 조를 짠다.

③ 내가 그것을 할 수 있으려면 어떻게 해야 하는지 조별로 의논한다.

④ 한사람씩 앞으로 나와 앞에 놓인 칠판에 내가 할 수 있는 것을 적어본다.

⑤ 그것을 이루기 위해 어떤 방법을 사용할건지 발표한다.

⑥ 다른 구성원들은 더 보탬이 될 수 있는 일이 있다면 이야기를 해준다.

⑦ 구성원 모두 앞에 나온 사람이 그것을 할 수 있도록 격려 박수를 쳐준다.

⑧ 이와 같은 과정을 모든 구성원이 경험 할 수 있도록 한다.

#### 4) 소감나누기

## 2. 사회기술훈련 프로그램

### 1) 사회기술훈련(Social skills Training)

사회기술이란 사회생활이나 대인관계에서 자신이 원하는 것을 성취하기 위해 습득 되어져야 하는 모든 기술이라고 할 수 있다. 좀더 구체적으로 말하면 생활하기 위한 의식주와 관련되는 일상적인 생활훈련과 의사소통을 통해 대인관계의 효율성을 향상시키는 대화기술훈련, 문제 상황에서 적절하게 표현하고 행동하는 문제 상황 대처훈련을 들 수 있다.

사회기술훈련을 통하여 본 프로그램 대상 청소년들이 부모의 도움 없이 일상적인 생활의 독립심을 기르고, 대화기술훈련을 통한 다른 사람과 관계를 배우고 유지하며, 자신의 문제를 적절하게 처리함으로서 생활에 대한 적응력을 향상시키고자 한다.

## ♣ 1회 : 다른 사람과 대화시 필요한 신체적 요소를 배워봅시다.

### 1. 개요

다른 사람들과 어울려 이야기를 하고 서로 의사표현을 하는 데는 언어를 통하여 하는 의사표현도 중요하지만, 말을 하기 전에 그 사람의 태도를 통하여서도 상대방의 마음을 알 수 있다. 태도로 알 수 있는, 표정 몸짓 기타 신체적인 요소를 학습함으로써 상대방과 긍정적인 느낌들이 전달되는 연습을 한다.

### 2. 준비물

국어사전, 눈가리개

### 3. 활동

#### 1) 몸 풀기 프로그램

사회기술 훈련 시간은 구성원들이 제일 힘겨워하는 부분을 연습하는 시간이므로 본 프로그램 시작 전에 충분히 몸을 풀어서 긴장되어 있는 몸과 마음 풀어 주어야 한다.

#### 2) 마음풀기 프로그램

◎ 제목 : 눈 가리기 게임

◎ 방법

(1) 1명의 술래를 뽑는다.

(2) 술래는 눈을 가린다.

(3) 구성원들은 박수로 자신의 위치를 알려준다.

(4) 술래는 눈을 가리고 구성원들을 잡는다.

(5) 잡힌 사람이 술래가 된다.

### 3) 본 프로그램

◎ 제목 : 다른 사람과 대화 시 필요한 신체적 요소를 배워봅시다.

(얼굴표정/시선 맞추기/자세/상대방과의 거리)

◎ 방법

(1) 국어사전을 통해서 표정, 시선, 자세, 거리등의 낱말을 찾아서 뜻을 알아 본다.

(2) 다른 사람과 대화시 얼굴표정, 시선 맞추기, 자세, 상대방과의 거리가 필요한 이유에 대해서 이야기를 나눈다.

(3) 진행자가 상황에 맞는 적절한 얼굴표정을 예를 든다.

(4) 진행자가 상황에 맞는 적절한 자세를 예를 든다.

(5) 진행자가 상황에 맞는 적절한 거리를 예를 든다.

(6) 2명씩을 짝을 이루어 바라보기 게임을 한다.(상대방의 발보기, 손보기, 목보기, 귀보기, 머리카락보기, 코보기 등으로 쳐다보는 연습을 한다.)

(7) 2명씩 짝을 이루어 눈 오래 마주치기 게임을 한다.

(8) 2명과 자원봉사자 1명이 한 조가 되어 신체적 요소를 적절히 사용하며 상대방과 이야기 하는 연습을 한다.

(9) 연습이 끝나면 조별로 자신들이 연습한 내용을 역할극으로 발표해 본다.

### 4) 소감나누기

돌아가면서 자신의 소감과 어려운 점과 좋았던 점 등을 이야기 나눈다.

## 4. 유의점

1) 몸 풀기 시간을 통해 신체를 이완했다면 마음풀기 시간에는 구성원들의 긴장되어 있는 마음을 풀어 주는 시간이다. 일상생활에서 자신들이 제일 힘들어하는 것이 대인관계이기 때문에 거기에 관련된 연습을 힘겨워하고 긴장이 되는 경우가 많다. 몸풀기 시간과 마음풀기 시간에 구성원들이 충분한 이완이 되어 있어야 본 프로그램에 적극적으로 참여하게 된다.
2) 구성원들이 역할극을 하기 위해서는 구체적으로 어떤 상황인지 예시를 해주어야 쉽게 이해하는 부분이 있다.(유인물에 어떤 상황이며 어떤 질문을 해야 한다는 것을 적어 준다.)
3) 상황 판단력도 느리고 생활하는 행동반경도 한정 되어 있는 구성원들은 단어 구사 능력도 한정 되어 있다. 그런 이들이 국어사전을 통하여 해당 단어의 의미를 알아보고 프로그램에 참여 하는 게 이해력을 돕는데 도움이 된다.

## 5. 진행유인물

### 1) 대화 연습을 하기 위한 예문

◆ 상황

| 오늘은 3월2일이다. 개학을 하고 한 학년씩 올라가고 새로 배정 받은 반에 처음 가서 한 책상을 골라서 앉았습니다. 작년에 같은 반이었던 아이들이 3명 정도 되는 것 같습니다. 내가 앉은 자리하고는 많이 떨어져 있어서 그냥 눈인사만 했습니다. 내 옆에 작년에 옆 반이었던 아이가 앉았습니다. 얼굴은 아는데 말을 해본적도 없고 그 아이도 나를 모르는 것 같습니다. |
|---|

◆ 대화내용

나는 이름이 (          )인데 넌 이름이 어떻게 되는데?

난 작년에 4반 이었는데 너는 몇 반 이었니?

어느 동네에 사는데 ? 나는 상계 7동에 살아.

나는 오락게임 중 디아블로를 좋아하는데 너는 뭘 좋아 하니?

나중에 오락 같이 하자.

우리 담임선생님 어떤 사람인지 이야기 들은 것 있니?

너는 어느 가수 좋아하니?

그래 만나서 반갑다. 나중에 또 이야기 하자.

### 2) 다른 사람과 대화를 나누기 위한 신체적 요소

| 행동요소 | 좋은 방 법 | 좋지 않은 방법 |
|---|---|---|
| 시선 접촉 | 상대방을 바라본다.<br>말하는 동안 눈동자를 움직인다. | 상대방이 아닌 다른 곳을 본다.<br>눈동자를 고정시킨 채 한곳만 노려본다. |
| 태 도 | 공손하고 당당하게 말한다.<br>편안하게 자세를 취한다. | 몸을 움츠린 채 말한다.<br>아주 긴장되어 보인다. |
| 거 리 | 상대방과 적절한 거리를 유지한다. | 너무 가까이 혹은 멀리 떨어진다.<br>부적절하게 상대방 몸에 닿는다. |
| 제 스 쳐 | 말하는 동안에 고개를 끄덕이고 손을 움직인다. | 뻣뻣하게 굳은 채로 말한다. |
| 얼굴 표정 | 말하는 내용에 따라 미소 짓고 찡그리고 이마에 주름을 짓고, 필요시에는 심각한 표정을 짓는다. | 죽은 사람처럼 표정이 전혀 없다.<br>감정과는 맞지 않는 부적절한 표정을 짓는다. |
| 억양 | 감정에 따라 억양이 변한다. | 억양에 전혀 변화가 없다. |
| 반응 시간 | 적절하게 반응한다.<br>적당한 속도로 말한다. | 한참 있다가 반응한다.<br>너무 빠르거나 느리다. |
| 말의 내용 | 핵심과 조리가 있다. | 조리가 없고 우회적이다. |
| 말의 양 | 적절하다. | 지나치게 부족하거나 말을 안하거나 너무 많다. |

※ 참고자료 : 정신과 환자를 위한 사회기술훈련 (김철권, 변원탄 공역/ 하나의학사 출판)

## ♣ 2회 : 다른 사람과 대화시 필요한 목소리의 요소를 배워봅시다.

### 1. 개요

다른 사람과 의사소통을 할 때 언어를 통한 소통 중에는 단순히 말하는 것 그 자체에도 의미가 있지만 그 밖의 소리 톤, 억양, 크기, 정확성, 속도 등에서도 그 사람이 어떤 의미로 말을 하는지 알 수 있다. 이번 시간은 대화시 필요한 적절한 목소리의 요소를 배워 보도록 한다.

## 2. 준비물

국어사전

## 3. 활동

### 1) 몸 풀기 프로그램

몸을 이완 할 수 있는 간단한 체조를 한다.

### 2) 마음풀기 프로그램

◎ 제목 : 3. 6. 9게임

◎ 방법

(1) 구성원이 원으로 앉는다.

(2) 3. 6. 9게임을 설명한다.

(3) 게임을 한다.

### 3) 본 프로그램

◎ 제목 : 다른 사람과 대화시 필요한 목소리의 요소를 배워봅시다.
(억양/ 크기/ 속도/ 정확성/ 유창성)

◎ 방법

(1) 국어사전을 통해서 억양, 크기, 속도, 정확성, 유창성 등의 낱말을 찾아서 뜻을 알아본다.

(2) 복식호흡 연습하기 : 큰소리로 숨을 들이 마신다.(배에 공기가 가득 차는 느낌을 갖는다) 5초간 숨을 참는다. 천천히 숨을 내뱉는다.(한꺼번에 내뱉지 말고 나누어서 내뱉는다.)

(3) 바른 자세 연습하기 : 바로 앉는다. 어깨를 편다. 손을 자연스럽게 놓는다.(팔짱을 끼거나 주머니 속에 넣지 않는다.) 복식호흡을 한다. 등을 구부정하게 하지 말고 바른 자세에서 대화시 필요한 자세를 취해본다.

(4) 발성연습하기 : 파트너와 큰소리 내기하기(아,에,이,오,우). 거울보고 아,에,이,오,우 연습하기. 가,나,다,라,마,바,사,아,자,차,카,타,파,하 발음하기. 입에 막대를 물고 가,나,다,라,마,바,사,아,자,차,카,타,파,하 연습하기. 간장공장 공장장이 강공장장이냐 된장공장 공장장이 강공장장인가를 연습하기

(5) 시 읽기를 한다.

### 4) 소감나누기

## 4. 유의점

이 연습은 한번의 연습으로 교정되기는 힘이 든다. 이번 시간을 통해 구성원들이 학습을 하고 매시간 구성원들을 교정 해 줄 필요가 있다.

## 5. 진행유인물

### 1) 발음연습 1

**가, 나, 다, 라, 마, 바, 사, 아, 자, 차, 카, 타, 파, 하**

### 2) 발음연습 2

**거, 너, 더, 러, 머, 버, 서, 어, 저, 처, 커, 터, 퍼, 허**

### 3) 발음연습 3

**간장공장 공장장이 강공장장이냐 된장공장 공장장이 강공장장이냐**

**4) 정확하고 유창하게 읽어봅시다.**

**산**

김기린

산이 좋아
산에 있으면

하늘은 갑자기 엄마가 되고
구름은 저만치서 동무하자 하고
숲들은 내 가슴속에서 우거지고
어디선가 흐르는 물소리가 아득히 들리고
나뭇잎 사이를 헤집고 온 한 줄 햇살이
나를 앉은 채로 메달고선
스르르 공중으로 떠 있게 한다.

그래서 산이 좋아
오늘도 산으로 간다.

## ♣ 3회 : 말의 구성요소에 맞게 말하기 / 듣기

### 1. 개요

다른 사람과 대화를 잘하기 위해서는 상황에 맞게 적절한 단어를 구사해서 말을 하고 또한 다른 사람이 말하는 내용의 요지를 잘 파악해야 한다.

대화 내용의 구성은 대부분 육하원칙의 요소들로 구성됩니다. 이 시간에는 구성요소에 맞게 말하는 방법과 다른 사람의 말의 요점을 잘 듣는 방법을 배우고자 한다.

## 2. 준비물

청기, 백기

## 3. 활동

### 1) 몸 풀기 프로그램

몸을 이완할 수 있는 간단한 체조를 한다.

### 2) 마음풀기 프로그램

◎ **제목 : 청기 백기 게임**

◎ **방법**

(1) 구성원 모두에게 청기, 백기를 나누어 준다.

(2) 진행자가 청기를 호명하면 구성원들은 청기를 올리고 진행자가 백기를 호명하면 구성원들은 백기를 올린다.(예: 백기 올리지 말고 청기 올려)

### 3) 본 프로그램

◎ **제목 : 말의 구성요소에 맞게 말하기/듣기**

◎ **방법**

(1) 구성원들과 누가, 언제, 어디서, 무엇을, 어떻게 한다의 말뜻을 이야기 나눈다.

(2) 누가, 언제, 어디서, 무엇을, 어떻게 한다의 5조를 만든다.

(3) 각조별로 거기에 해당하는 단어를 만들어 본다.

(4) 각조에서 만든 단어를 조합하여 문장을 만들어 본다.

(5) 적당한 문구의 예를 들어 주고 문장에서 단어가 어느 요소로 쓰이는지 알아본다.

(6) 말 전달하기를 통해 처음의 말이 전달되면서 어떻게 바뀌는지, 이야기의 구성요소 중 어느 것이 빠졌는지 이야기 나눈다.

(7) 다른 사람의 말을 잘 듣는 게 왜 중요한지 이야기 나눈다.

### 4) 소감나누기

## 4. 유의점

이 프로그램은 다음시간과 연결이 된다. 프로그램 마무리 때 다음시간과 어떤 관계가 되는지 설명을 해주면 구성원들이 다음시간에 대한 준비가 될 것이다.

## 5. 진행유인물

### (말 전달하기)

1) 토끼가 어제 당근 밭에서 당근을 캐어 먹었습니다.

2) 재훈이는 오늘 집 앞에서 게임기를 주웠습니다.

3) 지영이는 어제 밤 꿈에 예쁜 옷을 선물 받았습니다.

4) 기수는 식목일 날 산에 가서 나무를 심었습니다.

5) 진현이는 오늘 영화관에 영화를 보러 갔습니다.

6) 나는 토요일 날 문방구에서 특이한 볼펜을 샀습니다.

## ♣ 4회 : 다른 사람이 말하는 것을 잘 듣는 연습을 합시다.

### 1. 개요

이 프로그램에 참여 하는 구성원들의 경우 대인관계가 원만하지 않은 이유 중에 하나로 다른 사람과 대화가 적절하게 이루어지지 않아서 그런 사람도 있다. 그런 경우 대부분 심리적으로 위축되어 다른 사람이 무슨 말을 하는지 잘 못 알아듣겠다고 말을 한다. 이시간은 다른 사람이 이야기 할 때 잘 듣는 요령과 긴장하지 않고 편안하게 이야기 하는 법을 연습하는 시간이다

### 2. 준비물

줄넘기용 줄, 만화 비디오

### 3. 활동

#### 1) 몸 풀기 프로그램

몸을 이완할 수 있는 적당한 운동을 한다.

#### 2) 마음풀기 프로그램

◎ **제목 : 꼬마 꼬마야**

◎ **방법**

(1) 진행자와 자원봉사자가 양쪽 줄을 잡고 "꼬마야 꼬마야 줄을 넘어라" 노래에 맞추어 구성원들은 줄을 넘는다. 혼자 넘기가 끝나면 둘이서 넘기를 한다.

### 3) 본 프로그램

◎ 제목 : 다른 사람이 말하는 것을 잘 듣는 연습을 합시다.

◎ 방법

(1) 지난 시간에 배운 내용을 복습한다.

(2) 구성원 2명과 자원봉사자 1명으로 조를 짠다.

(3) 짧은 이야기가 있는 글들을 조별로 나누어 주고 읽고 내용 이야기하기를 한다.(자원봉사자는 학생들에게 무엇을 중점적으로 봐야 내용을 파악할 수 있는지 알려준다. 예: 문장 중의 사람, 시간, 장소, 구체적으로 한 일, 글쓴이가 말하려는 내용 등)

(4) 짧은 이야기의 글을 자원봉사자가 읽어 주고 학생들은 집중해서 듣고 내용 이야기하기 (자원봉사자는 학생들에게 무엇을 중점적으로 들어야 하는지 알려 준다 예: 누가, 어디서, 무엇을, 왜, 어떻게 했나, 글쓴이가 하고 싶은 말은 무엇인가)

(5) 전체로 모여서 조별로 공부한 내용을 정리해 준다.

(6) 단막으로 구성된 만화 비디오를 보고 내용을 이야기 하는 시간을 갖는다.(내용을 이야기 하려면 무엇을 중점적으로 봐야할지 이야기 함)

(7) 자신의 이야기를 누가, 언제, 어디서, 무엇을, (왜),어떻게 했는지, 내가 하고 싶은 말이 무엇인지 이야기를 만들어 종이에 적어본다.

(8) 한명씩 발표하면 구성원 전체는 들은 이야기를 정리해서 말해본다.

(9) 돌아가면서 발표해보고 구성원은 내용을 요약한다.

### 4) 소감나누기

## 4. 유의점

1) 이 프로그램은 학생들이 잘하기에는 여러 애로사항이 있다. 기본적으로 어느 정도 학습능력이 있어야 하기 때문에 개인차도 크다. 전반적인 분위기가 테스트 받는다는 느낌이 아니게 진행이 되어져야 한다.

2) 이야기를 하다보면 꼭 누가, 언제, 어디서, 무엇을,(왜),어떻게 한다에 맞지 않을 수도 있다. 참고적인 틀로만 알려줄 필요가 있다.

## 5. 진행유인물

**[이야기의 구성요소]**

| 누가 (who) : 주체 | 무엇을(what) : 대상 | 언제 (when) : 시간 |
|---|---|---|
| 어디서(where): 장소 | 왜(why) : 이유, 원인 | 어떻게 (how) : 방법, 결과 |

[이야기의 줄거리를 간추려 들으려면]

1. 일이 일어난 차례를 생각하며 듣습니다.
2. 누가, 언제, 어디서, 무엇을, (왜), 어떻게 등의 내용을 파악해서 듣습니다.
3. 장면들을 구별하면서 듣습니다.

### 짧은글 1

나그네가 늦은 밤에 산길을 가다가 숲 속에서 도깨비를 만났어요. 도깨비는 길을 막고, 자기와 씨름을 하여 이기면 길을 비켜 준다고 하였어요. 나그네는 씨름을 하여 도깨비를 땅에 매어 던졌어요. 그래서 심술꾸러기 도깨비는 빗자루가 되었어요. 그리고 나그네는 가벼운 마음으로 다시 산길을 가게 되었어요.

누가 : (나그네가) 언제 : (늦은 밤에) 어디에서 :(숲 속에서) 무엇을 : (도깨비를) 어떻게 : (다시 산길을 가게 되었어요. 땅에 매어 던졌어요.)

**짧은글 2**

옛날 어느 마을에 사는 한 노인이 산에서 나무를 하다가 나무 그늘에서 쉬고 있었어요. 그런데 어디선가 파랑새 한 마리가 날아와 노인이 쉬고 있는 나뭇가지에 앉아서 싱그러운 목소리로 노래를 하다가 저쪽으로 날아갔어요. 노인은 노랫소리가 더 듣고 싶어서 소리가 나는 쪽으로 따라가 보았어요.

- 참고자료 : 토피아 넷 www.topianet.co.kr

점심시간이었습니다. 학교의 급식을 배급받기 위해 학생들이 줄을 서고 있었습니다. 그런데 뒤에 온 영철이가 소영이를 힘으로 윽박지르고 그 자리에 대신 서는 것이었습니다. 소영이는 억울했지만 울먹이면서 뒤로 밀려났습니다.

**신문사설**

「월드컵 한일 공동개최」
2002년 월드컵의 한일 공동 개최가 확정됐다. 이번 공동 개최 확정은 월드컵 축구대회 72년 역사에 처음 있는 일이다. 아벨란제 국제 축구연맹 회장은 5월31일 우후 11시(한국시간) 스위스 취리히에서 공식 기자 회견을 가지고 "집행위원회는 한일 공동개최 안을 놓고 토론을 벌인 결과 표결 없이 만장일치로 통과시켰다." 라고 발표했다. 월드컵 역사상 최초의 공동개최대회로 기록된 이일의 결정으로 한일 양국은 경쟁자에서 동반자 시대를 맞이하게 되었다. 이날 회견장에는 각국 보도진과 국제 축구 관계자 등 2백여 명이 몰려 큰 관심을 보였다.
(1996. 6.1 00 일보)

## ♣ 5회 : 개인적인 만남에서 이야기 나누기

### 1. 개요

이 시간에는 다른 사람과 대화를 나누는데 신체적, 정서적, 행동적 인지적으로 어떤 어려움이 있는지 알아보고, 그 상황에서 나는 어떤 태도를 취하는지 알아보는 시간이다. 이것을 토대로 적합한 상황을 정하여 다른 사람을 만나는 역할 연습을 한다.

### 2. 준비물

필기도구, 체크리스트

### 3. 활동

#### 1) 몸 풀기 프로그램

몸을 이완 할 수 있는 체조를 한다.

#### 2) 마음풀기 프로그램

◎ **제목 : 손가락 대신 몸으로 제로 게임하기**

◎ **방법**

(1) 술래를 정한다.

(2) 술래 이외의 사람은 원으로 앉는다.

(3) 술래는 숫자를 부르고, 구성원은 일어나거나 앉아 있는다.

(4) 술래가 부른 숫자와 구성원이 일어난 숫자가 같으면 일어난 사람들은 벌칙을 받는다.

(5) 돌아가면서 술래의 역할을 맡는다.

### 3) 본 프로그램

◎ 제목 : 개인적인 만남에서 이야기 나누기

◎ 방법

(1) 처음 사람을 만나면 나는 어떤 반응을 보이는지 체크를 해본다.

(2) 그런 상황에서 나는 어떤 식으로 대처하는지 체크를 해본다.

(3) 적절하게 대처하기 교육을 한다.

(4) 2명씩 짝을 짓고 자원 봉사 1명이 한조가 되어 상황에서 이야기하는 연습을 한다.

(5) 연습 한것 중 제일 자신 있는 것을 구성원 전체가 보는 앞에서 발표한다.

(6) 서로에게 힘 되어 주기

### 4) 소감나누기

## 4. 유의점

1) 서로에게 힘 되어주기 시간은 feedback시간이라고 할 수 있다. 구성원들은 이 시간에 과민반응을 보이며 자신이 못한 부분에 대한 질책을 받는다고 느낄 수 있기 때문이다. 그래서 먼저 개인이 자신이 힘들었던 점에 대해서 이야기 하고 그다음 자신이 잘 했다고 느낀점을 이야기 하고, 구성원 전체가 도움되는 말을 해주기로 변형했다. 반드시 진행자는 마무리로 사기를 북돋아 주는 말을 해준다. 그리고 구성원 전체가 박수를 쳐준다.

2) 이 프로그램은 "대인관계향상 프로그램 개발연구"라는 책에서 인용을 했다. 이 책이 일반 청소년 대상의 책이라서 구성원들이 이해하는데 어려운

점이 조금 있었다. 일반프로그램을 구성원의 수준에 맞게 적절하게 변형하는 것이 필요하리라 생각된다.

## 5. 진행유인물

1) 도움 받은 책자 : 청소년 대화의 광장 “대인관계 향상 프로그램 개발 연구”

### (1) 많이 친하지 않은 사람을 만났을 때 나는 어떤 반응을 보일까요?

| 영역 | 반 응 들 | 나의 경우는? |
|---|---|---|
| 신체적 반응 | • 손바닥에서 땀이 난다.<br>• 심장이 두근거린다.<br>• 얼굴이 빨개진다<br>• 호흡이 거칠어진다.<br>• 온 몸이 굳어진다.<br>• 멍해진다.<br>• 침이 마른다. | |
| 정서적 반응 | • 불안하다.<br>• 초조하다.<br>• 떨린다.<br>• 긴장된다.<br>• 얼어붙는다.<br>• 위축된다(쫄아 든다). | |
| 행동적 반응 | • 말이 빨라진다.<br>• 말소리가 지나치게 커진다.<br>• 말이 느려진다.<br>• 횡설수설 한다<br>• 아무 말도 안한다. 침묵을 지킨다.<br>• 자신에 대해 아무 이야기도 하지 않는다.<br>• 사람들을 자꾸 피한다.<br>• 사람들의 눈길을 피한다.<br>• 실없이 자주 웃는다.<br>• 무표정하다. | |
| 인지적 행동 | • 나는 말을 잘 못할 것이라고 생각한다.<br>• 내가 하는 말에 사람들이 흥미 없게 여길 것이라고 생각한다.<br>• 차라리 피해 버리자고 생각한다.<br>• 나는 외모가 받혀주지 않기 때문에 사람들이 날 싫어할 것 인지적이라고 생각한다.<br>• 부끄러워하는 것은 숨겨야 하는 행동이라고 생각한다.<br>• 나는 대인관계를 잘 못하는 사람이라고 생각한다.<br>• 섣불리 시도하였다가 창피만 당할 것이라고 생각한다.<br>• 사람들이 날 좋아하지 않을 것이라고 생각한다.<br>• 다른 사람이 내 섣부른 행동을 관찰하기 때문에 실수하지 않도록 조심해야 한다고 생각한다. | |

### (2) 나는 어떤 식으로 대처 하나요?

| | 내가 사용하는 방법은 | 나의 경우는? |
|---|---|---|
| 압도형 | • 불안에 압도되어 아무것도 못한다.<br>• 갈수록 더 불안해한다. | |
| 과잉행동형<br>가면형 | • 부적절한 농담이나 너스레를 떤다.<br>• 전혀 불안하지 않은 척하느라 실수를 연발한다.<br>• 너무 친한척하여 상대에게 불쾌감을 준다. | |
| 회피형 | • 괜히 과묵한척한다.<br>• 모임에 관심 없는 척한다.<br>• 불편함을 감추기 위해서 괜히 불평불만을 한다.<br>• 자존심을 상하지 않으려고 아예 그런 곳을 피한다. | |
| 대처형 | • 침착하라고 자기 독백을 한다.<br>• 다른 사람도 어느 정도 불안해 할 것이라고 위안한다.<br>• 무엇을 해야 적절한지를 찾아서 한다. | |

### (3) 적절하게 대인관계를 하려면 어떻게 해야 할까요?

**◈ 위축되거나 과잉행동을 자제하고 침착하게 대처하도록 합시다.**

◎ **방법** : 침착하자 / 편안하게 생각하자 / 심호흡을 하자 / 다른 사람도 첫 만남에서 두려움을 느낀다고 생각하자 / 내가 불안하다고 해서 다른 사람들이 눈치 채는 것은 아니다.

**◈ 적절한 시작행동을 알고 있으면 사람을 만나서 대화하는데 수월할 수 있다.**

◎ **방법** : 자신의 이름을 간략하게 먼저 소개한다.

["내 이름은 OOO 입니다"]

무엇인가를 제공 한다. ["껌 하나 씹을래"]

기본적인 정보를 제공 한다. ["무슨 일로 왔니?"]

상황과 관련된 이야기를 한다. ["날씨가 참 덥지"]

간단한 칭찬을 한다. ["네 옷이 참 마음에 든다"]

간단한 자기개방을 한다. ["여기 처음 왔는데 긴장이 조금 되는군요"]

다른 사람이 더 말하도록 격려하기. ["그것 참 재미있는데 더 이야기 해줄 수 있어요"]

**◉ 다른 사람과의 첫 만남에서는 적극적인 경청 자세가 중요한다.**

◌ **방법 :** 상대방의 말을 잘 듣기 위해서는 적절한 거리유지가 중요합니다. (50-100센티미터)

상대와 이야기 할 때 그와 간헐적으로 눈을 마주칩니다.

상대와 이야기 할 때 상대방의 말을 속으로 따라해 보는 것은 상대방의 말을 효과적으로 듣는데 도움이 됩니다.

상대가 계속해서 이야기 하도록 적절한 맞장구를 쳐줍니다.

**◉ 첫 만남에서는 대화의 마무리도 중요한다.**

◌ **방법 :** 대화의 마무리는 상대의 화제에 대한 긍정적인 평가를 한다. ["재미있는 이야기였다. 나에게 많은 도움이 될 것 같아요"]

정중하게 작별인사를 한다.

## ♣ 6회 : 집단만남에서 이야기 나누기

### 1. 개요

청소년기는 가정의 보호를 벗어나 점차적으로 사회인으로서 사회생활을 하는 연습을 하는 시기라고 볼 수 있다. 이들에게 가장 중요하다고 생각 되어 지는게 친구 관계라고 할 수 있다. 그리고 나아가 식구나 친구관계를 넘어서 사회인으로서 다양한 사람을 만나는 과정의 연습이라고 볼 수도 있다. 이 프로그램에 참여하는 구성원들은 상황판단과 대처능력에 어려움이 있기 때문에 새로운 장소, 새로운 사람에 대해서 많은 부담을 느끼고 심지어 공포증을 보이는 학생들도 있다. 이들에게는 그런 장소를 접하고 익숙하게 하는 많은 경험이 필요하다고 생각된다. 이 시간을 통하여 집단이 모이는 새로운 상황에서 나를 적절히 표현하는 법, 다른 사람을 사귀는 연습을 하고자 한다.

### 2. 준비물

구르기 용 매트

### 3. 활동

#### 1) 몸 풀기 프로그램

신체를 이완할 수 있는 간단한 체조를 한다.

#### 2) 마음풀기 프로그램

◎ 제목 : 매트 위에서 구르기

◎ 방법

(1) 구성원들이 돌아가면서 매트를 구른다.

(2) 매트 구르기가 끝나면 그 자리에 누워서 숨을 고르고 편안하게 휴식을 취할 수 있도록 한다.

### 3) 본 프로그램

◎ **제목 : 집단만남에서 이야기 나누기**

◎ **방법**

(1) 상황이 나와 있는 상황판을 게시한다.

(2) 구성원들이 원하는 조를 선택하게 하여 3조로 나눈다(한조로만 몰릴 경우 적절하게 배분함)

(3) 각조별로 자원봉사자를 적절하게 배치한다.

(4) 조별로 자원봉사자가 그 상황과 배경을 설명해주도록 한다.

(5) 구성원 모두가 각조별로 모임에 참석한 사람들이 되어 대화 진행 연습을 한다.

(6) 연습이 끝나면 조별로 모여서 연습했던 상황들을 전체에게 역할극으로 보인다.

(7) 서로에게 힘 되어 주기

### 4) 소감나누기

## 5. 진행유인물

**(상황 예시문)**

**▶ 1조**

◉ 장소 : 동해 바닷가

◈ 간 이유 : 여름 방학을 맞아 아버지 친구들 가족과 피서를 갔음

◈ 상황 : 태양이 하늘 높이 걸려 있는 더운 여름 날, 수영을 하려고 수영복을 입고 바닷가에 갔다. 시원하게 파도타기도 하고, 모래사장에서 두꺼비 집도 만들며 재미나게 놀고 있습니다. 너무 더워서 햇빛을 피하려고 파라솔에 갔습니다. 거기에는 내 또래 친구들이 몇 명 앉아 있습니다.

▶ **2조**

◈ 장소 : 방송국에서 주최하는 청소년 스키캠프장

◈ 간 이유 : 겨울 방학동안 스키도 배우고 친구도 사귀기 위해서 갔음.

◈ 상황 : 새로 장만한 스키복과 스키 장비를 준비해서 스키캠프에 갔습니다. 오늘 처음 스키를 배워서 리프트는 타지 못하고 아래에서만 탔습니다. 미끄러워서 엉덩방아도 찧었습니다. 저녁이 되어 식사를 하고 조별로 만남의 시간을 가졌습니다. 우리조 이름은 '씽씽 조' 입니다. 각자 자신에 대해서 소개하는 시간을 갖게 되었습니다.

▶ **3조**

◈ 장소 : 청소년 곤충체험 학습장

◈ 간 이유 : 여름 방학을 맞아 평소 좋아하던 곤충채집을 하고 자연에 대해 배워보는 시간을 갖기 위해서 생태체험 학교에 입교했음.

◈ 상황 : 오후에는 원두막에서 수박을 먹고 나비채집을 했습니다. 지금은 별을 관찰하러 조별로 모였습니다. 별이 자세히 보이기까지 시간이 좀 남아서 조별로 자기를 소개하는 시간을 갖기로 했습니다.

## ♣ 7회 : 전화통화의 예절을 배웁시다

### 1. 개요

전화를 이용하여 보이지 않는 사람과 관계를 형성하고 대화를 유지하는 일은 생활에서 보편화되고 빠질 수 없는 중요한 일이 되었다. 하지만 얼굴을 대면하고 말하는 것이 아니라 상대방의 기분과 감정을 알 수 없고 한정된 시간 안에 나의 의사를 전달해야 하기 때문에 어려운 점이 있다.

이번시간에는 전화통화의 기본예절을 익히고, 상대방과의 통화내용을 잘 듣는 법, 나의 의사를 명확히 전달하는 법 등을 연습하고자 한다.

### 2. 준비물

신문

### 3. 활동

#### 1) 몸 풀기 프로그램

신체를 이완할 수 있는 간단한 체조를 한다.

#### 2) 마음풀기 프로그램

◎ 제목 : 참 참 참 게임

◎ 방법

(1) 뿅 망치 대신 신문지 방망이를 준비한다.

(2) 2명씩을 짝을 이룬다.

(3) 술래는 손을 가위의 모양으로 만들어 "참참참"이라는 말과 동시에 왼쪽

이나 오른쪽 중 한 방향으로 보낸다.

(4) 상대방은 "참참참"이라는 말과 동시에 자신의 머리를 왼쪽이나 오른쪽 중 한 방향으로 돌린다.

(5) 술래의 손방향과 상대방의 머리가 같은 쪽으로 일치하면 상대방은 술래가 갖고 있는 신문지 방망이로 맞는다.

(6) 신문지로 맞은 사람이 술래의 역할을 한다.

### 3) 본 프로그램

◎ 제목 : 전화통화의 예절을 배웁니다.

◎ 방법

(1) 공중전화 거는 법을 연습한다.(동전/카드)

(2) 전화통화의 기본예절을 배운다.

(3) 전화통화의 기본예절을 지켰을 때의 장점에 대해서 이야기 나눈다.

(4) 구성원 2명과 자원봉사자 한명이 한조를 이룬다.

(5) 주어진 상황에 대한 역할 연습을 한다.

(6) 자신들에게 있었던 일로 역할 연습을 한다.

(7) 구성원 전체에게 조별로 연습했던 것을 발표한다.

(8) 서로에게 힘 되어 주기

### 4) 소감나누기

## 4. 진행유인물

**[전화통화의 기본예절]**

**▶ 전화를 걸 때**

◈ 다른 사람이 전화를 받았을 경우, 통화하고자 하는 사람과의 관계와 내 이름을 밝히고 바꿔 줄 것을 요청한다.

◈ 되도록이면 통화용건을 간단히 한다.

◈ 통화하고자 하는 사람이 없는 경우, 언제쯤 전화를 하면 통화 가능한지 물어보고 다시 건다고 하든지, 메모를 부탁한다.

◈ 인사를 하고 전화를 끊는다.

◈ 너무 이른 아침이나 늦은 밤에 전화하지 않는다.

◈ 어른과 통화할 때 전화를 먼저 끊지 않는다.

◈ 통화를 하면서 음식을 먹거나 마시지 않는다.

◈ 전화를 잘 못 걸었을 경우 사과를 하고 끊는다.

**▶ 전화를 받았을 때**

◈ 상대방이 알아들을 수 있도록 명확하게 말한다.

◈ 자신이 직접 전화를 받았을 경우 상대방이 사적으로 전화를 한 경우 전화 해줘서 고맙거나 반갑다는 의사를 표현한다.

◈ 전화를 끊을 경우 갑자기 끊지 말고 인사를 하고 끊는다.

◈ 메모를 원하는 사람의 경우 정확하게 메모를 전달한다.

◈ 잘 못 걸려 온 전화라도 화를 내지 않고 예의 바르게 받는다.

**▶ 전화통화의 기본예절을 지켰을 때의 장점**

◈ 상대방에게 호감을 줄 수 있다.

◈ 서로 즐겁게 대화를 할 수 있다.

◈ 상대방이 다시 대화하고 싶은 마음을 가지게 한다.

**[역할연습하기]**

| 일요일 오전 집에 있던 윤서는 영화가 보고 싶다는 생각이 들었다. 함께 갈 사람을 생각하다가 현서에게 전화를 걸어서 영화를 보러 갈 수 있는지 물어보기로 했습니다. 그런데 현서 집에 전화를 걸었더니 현서 어머니가 받으시면서 현서가 집에 없다고 한다. |
|---|

위의 내용을 [전화통화의 기본예절] 기술을 이용하여 역할 연습을 해봅시다.

| 일요일 오전 집에서 쉬고 있던 훈민이는 정음이에게 전화를 받았습니다. 두 사람은 오랜만에 통화를 하게 되어 무척 반갑게 이야기를 나누었습니다. 그런데 30분이 넘게 통화를 하였는데도 정음이는 전화를 끊지 않고 계속해서 이야기를 합니다. 훈민이는 전화를 끊고 싶지만 정음이의 마음이 상할까봐 조심스럽습니다. |
|---|

위의 내용을 [전화통화의 기본예절] 기술을 이용하여 역할 연습을 해봅시다.

| 전화통화를 하는데 예전에 경험했거나 앞으로 발생 할 수 있는 어려움이 있다면, 이야기해 보고 해결방법을 의논해 본 후에 역할극을 합시다. |
|---|

## ♣ 8회 : 생활 예절을 배웁시다

### 1. 개요

바람직한 대인관계는 다른 사람에 대한 배려와 존중하는 마음에서 비롯된다고 할 수 있다. 다른 사람에 대한 배려와 존중하는 마음을 상대방이 알 수 있도록 겉으로 표현 하는 것이 예절이라고 할 수 있다.

이 시간에는 일상생활에서 자주 접하는 일들로 생활 중에서 알아야 할 생활 예절을 배우는 시간을 갖도록 한다.

### 2. 준비물

국어사전

### 3. 활동

#### 1) 몸 풀기 프로그램

신체를 이완할 수 있는 간단한 체조를 한다.

#### 2) 마음풀기 프로그램

◎ 제목 : 니 발바닥, 내발바닥

◎ 방법

(1) 동물 발바닥을 정한다.

(2) 돌아가면서 자신이 정한 동물 발바닥을 소개를 한다.

(3) 종이에 자신의 발바닥 이름을 적어서 다른 사람이 보기 좋게 앞에 놓는다.

(4) 니 발바닥, 내발바닥 게임을 소개한다.

(5) 게임을 시작한다. (자신의 동물 발바닥을 부르고 다른 사람의 발바닥 호명함) 개발바닥 용 발바닥-용 발바닥 쥐 발바닥-쥐 발바닥 토끼발바닥

### 3) 본 프로그램

◎ 제목 : 생활 예절을 배웁니다.

◎ 방법

(1) 국어사전에서 예절이라는 단어를 찾아본다.

(2) 예절을 지키면 좋은 점에 대해서 이야기 나눈다.

(3) 과거의 기억 중 다른 사람이 예절을 지키지 않아서 내가 불쾌했던 기억을 이야기 나눈다.

(4) 예절교육을 한다.

### 4) 소감나누기

## 4. 유의점

교육시간에 유인물만 읽기 보다는 상황에 대한 구체적인 사례를 들면서 설명하는 것이 구성원들이 이해하고 받아들이는데 효과적이다.

## 5. 진행유인물

도움 받은 책 : 사회생활과 예절 (김연화 김득중 외 /교문사)

### ▶ 집에서 지켜야 할 식사예절

1. 먹은 그릇, 수저 ,젓가락은 설거지통에 넣는다.
   그릇에 남은 음식물은 모아서 따로 버린다.
2. 사용한 컵은 씻어서 다른 사람이 사용하기 편하게 놓아둔다.
3. 자신이 먹은 반찬은 쉬지 않도록 냉장고에 넣는다.
4. 식탁은 깨끗이 닦아서 음식물의 흔적을 남기지 않는다.

### ▶ 목욕예절

1. 목욕하러 들어 갈 때는 갈아입을 옷을 챙겨서 목욕 후 나체로 돌아다니는 일이 없도록 한다.
2. 샤워한 후에는 벽과 문지방 등의 물기를 닦는다.
3. 비누와 샴푸, 치약은 필요한 만큼만 사용한다.
4. 휴지는 사용할 만큼만 뜯어서 사용한다.

### ▶ 방문했을 때의 예절

1. 방문하기 전에는 전화를 드려서 방문약속을 잡는다.
2. 초인종은 짧게 누르고 여유 있게 기다린다.
3. 초면이거나 자신에 대해 모를 경우 현관입구에서 방문 목적과 자신의 소개를 간단히 한다.
4. 복장을 단정히 하며 신발을 벗는 경우 발 냄새가 나지 않도록 청결히 한다.
5. 화장실이나 전화를 사용한 경우 양해를 구한다.
6. 공적인 일로 방문시 너무 오래 머무르지 않는다.

### ▶ 공중화장실에서의 예절

1. 화장실 문 앞마다 여러 줄로 서지 말고 화장실 입구에서 한 줄로 서서 들어가도록 한다.
2. 공중 화장실이 사용 중인지 노크를 하고 사용한다.
3. 화장실 사용 중에는 문고리를 잠근다.
4. 용변은 바른 자세로 보고 생리대는 잘 정리하여 휴지에 싸서 버리도록 한다.
5. 남자의 경우 좌변기를 이용한 경우 좌대를 위로 올리고 소변을 본다.
6. 낙서를 하거나 오물을 묻히거나 함부로 침을 뱉는 등의 행위를 않한다.
7. 손 닦는 타월은 사용 후 타인이 사용하기 좋게 깨끗한 면이 나오도록 돌려놓는다.

### ▶ 운동경기를 관람할 때

1. 운동경기의 규칙을 익히고 운동경기장의 모든 규칙을 엄격히 지켜야 한다.
2. 운동선수를 야유하거나 폭언, 폭행 등은 해서는 안 된다.
3. 자기가 응원하는 편이 아니라는 이유로 상대편을 야유, 희롱해서는 안 된다.
4. 경기장에 뛰어들거나 물건을 투척하지 않는다.
5. 많은 사람이 모인 장소 이므로 질서를 지키고 쓰레기를 버리지 않는다.

### ▶ 수영장, 해수욕장에서

1. 안전수칙을 지킨다.
2. 풀에 들어가기 전에는 화장을 지우고 샤워를 한다.
3. 머리를 단정히 한 후 수영모를 쓴다.
4. 물 속에서 코를 풀거나 침을 뱉는 일, 소변을 보는 실례를 하지 않는다.
5. 아무 곳에나 들어 눕거나 다른 사람이 신체를 주시하지 않는다.

▶ **전시장, 박람회에서**

1. 표를 사야 하는 경우 줄을 서서 차례대로 기다린다.
2. 작품에 함부로 손을 대서 손자국이나 훼손을 시키지 않는다.
3. 작품에 대한 자신의 느낌을 큰소리로 평가하지 않는다.
4. 사진촬영은 주최 측의 허락을 받아서 한다.

▶ **공중목욕탕, 온천에서**

1. 탈의실에서는 옷에서 먼지가 나지 않도록 조심스럽게 벗고 옷을 털지 맙시다.
2. 물을 아껴 쓰고 비품은 뒷사람이 사용하기 좋게 바르게 사용합시다.
3. 욕탕에 들어가기 전에는 비누로 몸을 씻은 다음 들어갑시다.
4. 목욕 이외의 세탁은 하지 맙시다.
5. 큰소리로 말하거나 떠들지 맙시다.
6. 다른 사람의 신체를 주시해서 보지 맙시다.

## ♣ 9회 : 나의 생각을 표현해 봅시다

### 1. 개요

나의 생각을 표현하는 것은 좁은 의미에서는 나의 생각을 주장하는 것과 같은 뜻으로 봐야 할 것 같다. 나 아닌 타인은 내가 언어나 표정 등 다양한 방법으로 나의 생각을 표현하지 않으면, 내가 어떤 생각을 하는지, 무엇을 원하는지 알 길이 없다. 나아가 내가 나의 생각을 주장하지 않으면 부당하거나 싫은 요구를 거절하지 못하게 된다. 또한 누군가가 자신을 비난할 때 자신을 보호할 수 없기도 하다. 이 시간에는 나의 생각을 이야기 하는 법, 부정적인 상황에서 나의 입장을 주장하는 법을 배워보고자 한다.

## 2. 준비물

국어사전, 림보게임 용 줄

## 3. 활동

### 1) 몸 풀기 프로그램

신체를 이완할 수 있는 간단한 체조를 한다.

### 2) 마음풀기 프로그램

◎ 제목 : 림보게임 하기

◎ 방법

(1) 자원봉사자가 양쪽의 줄을 잡는다.

(2) 구성원이 단체로 줄에 몸을 대지 않고 아래로 넘어간다.

(3) 구성원전체가 넘어가면 줄을 아래로 내려서 다시 시도한다.

(4) 점차적으로 줄을 아래로 내려가면서 구성원 전체가 시도하도록 한다.

(5) 줄이 바닥에 닿을 정도로 내려서 구성원들이 기어서 몸에 닿지 않고 줄을 통과하도록 한다.

### 3) 본 프로그램

◎ 제목 : 나의 생각을 표현해 봅시다.

◎ 방법

(1) 국어사전에서 생각, 표현, 주장의 단어를 찾아본다.

(2) 구성원들과 생각을 표현하는 것과 주장하는 것의 차이점에 대해서 이야기 나눈다.

(3) 나 전달법과 너 전달법을 통하여 나의 생각 표현하기 배우기

(4) 자원봉사 1명과 구성원 2명으로 조를 짜서 부정적인 상황을 정하고 효과적인 전달법을 연습한다.

**▶ 소극적인 행동과 공격적 행동**

(1) 소극적 행동과 공격적 행동이 무엇인지 배운다.

(2) 나의 생각을 주장하는 것이 무엇인지 배운다.

**▶ 나의 권리를 주장하지 못한 행동**

(1) 생활 중에서 나의 권리를 주장하지 못하고 억울했던 일 이야기하기

(2) 조별로 자신이 처했던 상황으로 주장연습하기

(3) 구성원 전체가 돌아가면서 역할 연기를 한다.

**▶ 서로에게 힘 되어 주기**

### 4) 소감나누기

## 4. 유의점

1) 위 프로그램은 구성원들이 가장 힘들어하는 부분이기 때문에 많이 긴장하고 위축된다. 중간 중간 많은 격려가 필요하며, 프로그램 성취도를 진행자가 낮은 목표로 잡고 있어야 진행자 자신이 느끼는 회의감을 배제할 수 있다.

2) 본 프로그램에 들어가기 전 마음 풀기 시간에 구성원 전체가 충분히 이완

될 수 있도록 해야 본 프로그램 중 역할 연기 때 긴장되지 않고 자연스럽게 연습을 할 수 있다.

## 5. 진행유인물

1) 도움 받은 책자 : 청소년 대화의 광장 "대인관계 향상 프로그램 개발 연구 / 인제의대 서울백병원 정신과 [대인관계 기술 훈련 프로그램집]

### 1. 나 전달법과 너 전달법

**상황 예 :**
- 필우와 현주는 방학 중 자원봉사를 하기 위해서 11시에 버스정류장에서 만나기로 했다.
- 더운 날씨이고 정류소는 햇빛을 피할 만한 그늘이 없는 상황이다.
- 현주는 제시간에 와서 기다리고 있는데 필우는 20분정도 늦게 도착했다.

| 비 교 | 나-전달법 | 너-전달법 |
|---|---|---|
| 내 용 | • 나를 주어로 시작한다.<br>(예:나 너 많이 기다렸어)<br>상대를 비난하지 않고 나의 감정, 나에게 어떤 영향을 미쳤는지 이야기 한다.<br>(예:더운 데 너 기다리고 있으니 내가 막 짜증나고 더우니까 가기 싫어진다) | • 너를 주어로 시작한다.<br>(예:너 왜 매일 늦어)<br>• 상대를 비난한다<br>(예:넌 지각을 밥 먹듯이 하는 구나)<br>• 상대에 대해서 단정적으로 표현한다. |
| 형 식 | • 상대의 행동 + 나에게 미친 영향 + 나의 감정 + 나의 바램 | • 상대에 대한 단정 + 상대에 대한 비난 |
| 실 례 | 현주 : 너 20분 늦었구나.<br>너가 늦어서 나 지루하고 너무 더웠어. 그래서 너한테 섭섭하더라.<br>다음부터는 늦지 않으면 고맙겠어. | 현주 : 너는 왜 매일 늦니?<br>넌 항상 시간약속을 지키지 않는 것 같아.<br>너 때문에 신경질 나 죽겠다. |

## 2. 소극적 행동과 공격적 행동

**(소극적 행동)**

자신의 권리를 지키지 못하고 포기하는 행동, 마음속에 있는 마음을 그대로 솔직하게 상대방에게 직접 나타내지 못하는 경우, 다른 사람에게 비난받거나 따돌림 당할 까봐 얌전한 척, 예의 바른 척 아무 말도 못하는 경우를 말한다.

**(공격적 행동)**

자신의 권리에 집착해 다른 사람의 권리를 조금도 고려하지 않거나 피해를 주면서 자신의 권리만 내세워 상대방을 불쾌하게 하는 행동이다. 상대방을 얕보거나 창피를 주는 행동, 독점적이고 지배적인 행동을 의미한다.

## 3. 주장적 행동

상대방의 권리를 침해하거나 상대방을 불쾌하게 하지 않는 범위 내에서 자신의 권리, 욕구, 의견, 느낌 등 자신이 나타내고자 하는 바를 마음속에 있는 그대로 솔직하게 상대방에게 나타내는 행동

## ♣ 10회 : 칭찬 및 사과하기/감사한 마음 전하기

### 1. 개요

우리는 생활하면서 끊임없이 다른 사람과 감정의 교류를 한다. 자신의 감정을 정확하게 표현하고 다른 사람의 표현을 정확하게 받아들이는 사람이 대인관계가 원만한 사람이라고 할 수 있다. 칭찬을 하거나 감사한 마음을 표현하는 것은 대인관계에서 윤활유와 같은 역할을 하며, 사과하는 마음을 표현하는 것은 대인관계에서 생길 수 있는 오해를 풀 수도 있고, 어려운 상황을 해결 할 수 있는 열쇠가 되기도 한다. 이번 시간에는 괜히 표현하고 나면 쑥스러울 것 같은 나의 마음을 다른 사람에게 표현하는 연습을 하고자 한다.

### 2. 준비물

의자

### 3. 활동

#### 1) 몸 풀기 프로그램

신체를 이완할 수 있는 간단한 체조를 한다.

#### 2) 마음풀기 프로그램

◎ 제목 : 자리차지하기

◎ 방법

(1) 구성원 수보다 1개 모자라게 의자를 준비한다.

(2) 간단한 동요를 부르며 의자 주위를 돈다.

(3) 진행자가 자리에 앉을 것을 지시한다.

(4) 의자에 앉지 못한 사람을 호명한다.

(5) 점차적으로 의자수를 줄여간다.

(6) 술래 4명을 뽑는다.

(7) 술래의 장기자랑보기

### 3) 본 프로그램

◎ 제목 : 칭찬 및 사과하기 / 감사한 마음 전하기

◎ 방법

▶ 칭찬하기

(1) 구성원들과 생활 중에서 칭찬받아서 기분 좋았던 때를 이야기 나눈다.

(2) 자원봉사 1명과 구성원 2명이 1조를 이루어 그런 상황을 역할 연습한다.

(3) 구성원전체가 모여서 연습한 것을 표현한다.

▶ 감사한 마음 전달하기

(1) 감사한 마음을 전해야 하는데 용기가 없어서 전하지 못했던 때를 이야기 나눈다.

(2) 조별로 그때의 상황을 연습한다.

(3) 구성원전체가 모여서 연습한 것을 표현한다.

▶ 사과하기

(1) 내가 사과를 해야 할 상황인데 못했거나, 상대방이 사과 할 상황인데 안 해서 기분 나빴던 때를 이야기 나눈다.

(2) 조별로 그 상황을 역할 연습한다.

(3) 구성원 전체에게 발표한다.

(4) 서로에게 힘 되어 주기(feed back)

### 4) 소감나누기

## ♣ 11회 : 다른 사람에게 부탁하기

### 1. 개요

이 프로그램에 참여하는 학생들은 타인에게 자신을 표현하는 것을 어렵게 느낀다. 특히 다른 사람에게 무엇을 부탁하는 것에 대해서 부담감을 많이 느낀다. 이번 시간은 우리가 생활하면서 부탁하게 되는 경우들을 만들어 보고 상황에 따라 어떤 식으로 부탁하면 좋을지 연습을 하고자 한다.

### 2. 준비물

없음

### 3. 활동

#### 1) 몸 풀기 프로그램

신체를 이완할 수 간단한 체조를 한다.

#### 2) 마음풀기 프로그램

◌ 제목 : 3. 6. 9게임

◎ 방법

(1) 구성원들에게 게임의 방법에 대해서 설명한다.

(2) 원으로 둘러앉는다.

(3) 술래에게 줄 벌칙을 정한다.

(4) 돌아가면서 번호를 부른다.

### 3) 본 프로그램

◎ 제목 : 다른 사람에게 부탁하기

◎ 방법

(1) 구성원들과 생활하면서 부탁해야 할 경우가 어떤 때가 있는지 목록을 만든다.

(2) 목록별로 어떻게 부탁을 하면 좋을지 자원봉사자들이 시범을 보인다.

(3) 한 목록당 역할 시범이 끝나면 다르게 부탁할 방법을 이야기 나눈다.

(4) 조를 구성하여 목록표 대로 역할 연습을 한다.

(5) 구성원 전체에게 연습한 것 중 자신에게 제일 필요하다고 생각 되는 것을 발표한다.

### 4) 소감나누기

## 4. 유의점

구성원들 대부분이 거절당할 때의 좌절감 때문에 부탁을 못하는 경우가 많이 있다. 거절을 당하는 상황에 대한 연습도 중요하지만 그때 느끼는 심리적인 상처 처리도 어떻게 대처하느냐가 중요하다. 따라서 부탁하기와 거절하기 등 상대방의 입장을 동시에 연습해 보고 느껴지는 감정에 대해서 정리해 보는 시간이 중요하다.

## 5. 진행유인물

※ 우리가 생활하다보면 예상치 못하게 남에게 부탁을 해야 하는 경우가 있다. 학교에서, 길을 가다가 혹은 어느 장소에서라도 부탁을 해야 하는 경우가 발생했을 때 어떻게 표현하면 좋을까요?

1. 여러분은 지내오면서 부탁을 해본 적이 있습니까? 어떤 부탁을 해 보았습니까?
2. 여러분은 어떤 방법으로 부탁을 합니까?
3. 상황예시

**상황 1.**

- 3교시가 국어 시간인데 책을 안 갖고 왔다. 국어 선생님은 책을 안 갖고 오면 벌을 세운다.
- 다행히 옆 반에 국어가 들었다. 옆 반 친구에게 책을 빌리려고 하는데 어떻게 말을 할까?

**상황 2**

체육복을 빌려줬는데, 늦도록 갖고 오지 않고 있다. 다음시간이 체육시간이다.
체육복을 돌려받아야 하는데 어떻게 말할까?

**상황 3**

마을버스를 타려고 기다리는데, 지갑을 놓고 왔다. 마침 옆에 친구가 있다. 친구에게 돈을 꾸어야 하는데 어떻게 말할까?

## ♣ 12회 : 다른 사람의 요구를 거절하기

### 1. 개요

이번 시간은 불합리한 요구에 대해서 거절하는 연습을 하는 시간이다.

거절하기는 확실한 자신의 의사표현이기도 한다. 거절하기를 통해서 자신의 의사를 표현하는 법과 다른 사람의 기분을 상하지 않게 거절하는 법을 배우고, 내가 거절당했을 때 대처하는 법에 대해서 연습을 하고자 한다.

### 2. 준비물

신문

### 3. 활동

#### 1) 몸 풀기 프로그램

신체를 이완할 수 있는 간단한 체조를 한다.

#### 2) 마음풀기 프로그램

◎ 제목 : 신문지 눈싸움하기

◎ 방법

(1) 개인당 10장의 신문지를 나누어 준다.

(2) 신문지를 구겨서 공을 만든다.

(3) 2조로 나눈다.

(4) 마주보고 서서 가운데 책상으로 경계를 만든다.

(5) 등을 돌리고 일렬로 선다.

(6) 시작 신호와 함께 신문지 뭉치를 뒤로 던진다.

### 3) 본 프로그램

◎ **제목 : 다른 사람의 요구를 거절하기**

◎ **방법**

(1) 다른 사람이 나에게 부탁을 해서 난처했던 일을 이야기 나눈다.

(2) 내가 다른 사람에게 부탁을 했는데 거절해서 기분이 나빴던 점을 이야기 나눈다.

(3) 조별로 상황에 대한 역할 역습을 한다.

(4) 구성원 전체에게 발표한다.

(5) 서로 힘 되어 주기

### 4) 소감나누기

## 4. 진행유인물

**상황 1.**
- 친구가 계속 먹을것을 사달라고 조른다.
- 나도 용돈이 부족한 상황인데 어떻게 거절할까?

예) 나도 사주고 싶은데, 나도 돈이 없어. 지금 있는 돈은 써야 할 곳이 있어서 쓸 수가 없어.

**상황 2**
- 친구가 계속 만원을 꿔달라고 한다. 이 친구는 한번 돈을 꿔가면 갚는 적이 없다.
- 지금 나에게는 꿔줄 정도의 돈이 있기는 하지만, 꿔주기가 싫다.
- 어떻게 거절할까?

예) 미안하지만, 꿔 줄 수가 없어, 나도 돈 쓸데가 있어서, 그리고 내가 요즘 돈이 모자라서 그런데, 저번에 꿔간 돈 좀 먼저 갚아주면 안되겠니?

> **상황 3.**
> • 어제 새 노트를 샀다. 그런데, 옆에 있는 친구가 예쁘다고 그 노트를 계속 달라고 한다.
> • 나는 주고 싶지 않다. 어떻게 거절할까?

예) 이 노트는 어제 산건데, 내가 무척 아끼는 거라서 너를 줄 수가 없을것 같아.

> **상황 4.**
> • 친구가 계속 담배를 피워보라고 나에게 강압적으로 권한다. 나는 호기심은 있지만 피우고 싶지는 않다. 어떻게 거절할까?

예) 나는 호기심은 있는데, 아직까지는 배우고 싶지는 않아. 혹시 나중에 내가 피고 싶어지면 그때 달라고 할게. 하지만 우리 나이에 담배는 조금 빠르다는 생각이 들어.

## ♣ 13회 : 불쾌하거나 화난 감정 표현하기

### 1. 개요

우리는 다른 사람과 만남에서 불쾌하거나 화난 감정을 종종 경험하게 된다. 어떤 사람은 그런 감정을 참고서 마음에 담아두어 마음에 병이 나는 사람도 있고, 쌓아 두다가 한꺼번에 표출되어 걷잡을 수 없는 우발적인 행동을 하는 사람들도 있다.

이 시간에는 불쾌하거나 화가 났을 때 적절하게 자신의 감정을 표현하는 연습을 한다.

## 2. 준비물

풍선

## 3. 활동

### 1) 몸 풀기 프로그램

신체를 이완할 수 있는 간단한 체조를 한다.

### 2) 마음풀기 프로그램

◎ 제목 : 풍선 크게 불기 게임

◎ 방법

(1) 가슴을 치면서 “아”하고 소리를 쳐본다.

(2) 심호흡을 하면서 숨쉬기 운동을 한다.

(3) 개인당 풍선을 들고 누가 많이 불까? 내기를 한다.

### 3) 본 프로그램

◎ 제목 : 불쾌하거나 화난 감정 표현하기

◎ 방법

(1) 상황예시를 들려주고 이럴 때 나라면 어떻게 할지 의견을 이야기 나눈다.

(2) 상황에 대한 나쁜 표현과 좋은 표현을 배웁니다.(나 전달법 이용하기)

(3) 상황에 대하여 상대방이 나에게 좋은 표현을 할 때와 나쁜 표현을 할 때 느낌이 어떤지 역할극을 해본다.
(4) 각자가 불쾌하거나 화가 났었던 때의 기억을 이야기 나눈다.
(5) 그때 상대방에 해주고 싶었던 이야기를 해본다.
(6) 자원봉사자 1명과 구성원 2명이 한조가 되어 그 상황을 역할 연습한다.(나를 불쾌하게 했던 사람의 역할과, 불쾌했던 나의 역할 두 가지를 연습한다.)
(7) 구성원 전체가 돌아가면서 상대역을 할 때의 느낌과 불쾌한 나의 역을 할 때 감정이 어떠했는지 이야기 나눈다.

### 4) 소감나누기

## 5. 진행유인물

**상황**
- 지금은 미술 시간이다. 진우가 유진이의 그림을 보면서 놀리고 있다.

**대화**
- 진우 : 야! 넌 무슨 그림을 그렇게 그렸냐? 이게 뭘 그린거야? 알아볼 수가 없네? 이것도 그림이라고 그렸냐? 차라리 발로 그리는 게 더 낫겠다.

▶ 상황에 대한 유진이의 나쁜 표현

"야! 이 나쁜 새끼야 넌 뭐가 그렇게 잘났어?"
"이 치사한 새끼야 왜 남의 그림보고 욕해"
"이 돼지 같은 놈아 돼지가 무슨 그림을 그리냐"

▶ 상황에 대한 유진이의 좋은 표현

"진우야 너가 그렇게 말하니까 내가 기분이 많이 나쁘다"
"너가 나를 무시하니까 기분이 무척 나빠, 너한테 욕하고 싶어져"
"마음 같아서는 너를 패주고 싶지만 내가 참는다, 나 놀리지마"
"내가 화가 많이 나지만, 지금 참고 있으니까, 그만해"
"나 지금 기분이 상당히 나쁘거든, 너가 말을 함부로 안 했으면 좋겠어"

## ♣ 14회 : 친구에게 충고하기/충고듣기

### 1. 개요

기본적으로 대인관계에 어려움이 있는 프로그램 참여자들이 부정적인 부분에 대해서 타인과 의견을 주고받는 일이 쉽지는 않을 것이다. 하지만 청소년기에 있어서 친구 관계란 그들에게 있어서는 최고의 중요한 부분이라 할 수 있다. 이 프로그램에 참여하는 학생들은 타인의 충고 자체를 자신을 비난한다고 생각하고 위축되므로, 충고하기와 더불어 충고 듣기에서 내 마음의 상태와 어떻게 대처하면 좋을지를 중점적으로 연습한다.

## 2. 준비물

국어사전, 눈가리개

## 3. 활동

### 1) 몸 풀기 프로그램

신체를 이완 할 수 있는 간단한 체조를 한다.

### 2) 마음풀기 프로그램

◎ 제목 : 눈 가리기 게임

◎ 방법

(1) 술래를 정하고 술래 눈을 가린다.

(2) 구성원은 술래가 자신을 잡을 수 있도록 박수를 쳐준다.

(3) 잡힌 사람이 술래가 되어 게임을 한다.

### 3) 본 프로그램

◎ 제목 : 친구에게 충고하기 / 충고듣기

◎ 방법

(1) 국어사전에서 충고, 비난, 불평이라는 말을 찾아본다.

(2) 충고는 왜 주어야 하는지 이야기 나눈다.

(3) 충고는 왜 받아야 하는지 이야기 나눈다.

(4) 친구가 충고를 받아들이도록 하기 위해서는 어떤 점들을 주의해야 할지 이야기 나눈다.

(5) 친구에게 충고 주는 법을 공부한다.

(6) 충고를 받을 때는 어떻게 해야 하는지 이야기 나눈다.

(7) 친구가 충고 할 때 상처 받지 않고 받아들이는 방법을 공부한다.

(8) 주어진 상황을 보고 나라면 어떻게 할지 역할극을 해본다.

### 4) 소감나누기

## 4. 진행유인물 : 도움 받은 책, 청소년 대화의 광장[대인관계 향상 프로그램 개발 연구]

### 1) 충고, 비난, 불평의 차이점 알기

- 충고 – 나의 바람직하지 않은 행동이 나에게 미치는 좋지 못한 영향에 대해서 다른 사람이 지적해준다.(기본적으로 나에 대한 애정, 관심이 포함되어 있다)
- 비난 – 나의 바람직하지 않은 행동이 나에게 미치는 좋지 못한 영향에 대해서 다른 사람이 지적해준다.(내 행동과 더불어 내 인격까지 무시함)
- 불평 – 나의 행동이 지적해주는 사람에게 피해를 준다고 상대방이 지적함.

**▶ 친구에게 충고를 주는 것이 왜 필요할까요?**

자신이 느끼지 못하는 친구의 잘못된 점이 언젠가는 그 친구에게 큰해가 될 수 있기 때문에, 친구를 보호해 주기 위해서 이야기를 해야 한다.

## 2) 충고주기 방법

1. 당신의 충고가 진정 친구를 위한 것인지, 아니면 당신 자신의 불평이나 불만 때문에 하는 것인지를 검토한다.
2. 친구의 잘못된 행동, 좋지 않은 행동 그리고 그 행동이 친구와 당신에게 어떤 영향을 미칠지 분명하게 말해줍니다.
3. 친구가 할 수 있는 바람직한 행동이 무엇인지 함께 고민하고 알려줘야 한다.

**▶ 친구에게 충고를 받는 것이 왜 필요할까요?**

내가 모르고 있었던 자신의 문제를 이야기 들음으로서 잘못된 행동을 고쳐서 나중에 더 큰 잘못을 안 할 수 있기 때문이다.

**▶ 충고를 받을 때 우리는 어떤 기분이 들까요?**

나의 입장을 정당화 하려고 한다.

충고한 사람에 대해서 화나고 미워하는 마음이 든다.

겉으로는 무시하는 척 하지만 마음에 상처가 된다.

나를 무시하는 것 같아서 마음이 쪼그라든다.(위축된다)

## 3) 충고듣기 방법

1. 친구가 충고하는 내용을 정확하게 파악한다.
2. 내가 잘못한 행동에 대해서 돌아보는 시간을 갖는다.
3. 충고를 해준 상대방에 대해서 불편한 점이 있다면 이야기 나누고 마음을 푼다.
4. 친구가 자신을 무시해서 충고하는 게 아니라 잘되기를 바래서 충고 한것을 받아들인다.

## ♣ 15회 : 친구에게 힘 되어 주기

### 1. 개요

다른 사람의 감정과 기분에 관심을 갖고 타인을 이해하는 것은 그 사람과 내가 친해지는 첫걸음 이라고 할 수 있다. 이 시간에는 나 아닌 다른 사람의 상황과 감정에 관심을 갖고 그 사람의 마음에 공감하는 연습을 하는 시간이다.

### 2. 준비물

없음

### 3. 활동

#### 1) 몸 풀기 프로그램

신체를 이완할 수 있는 간단한 체조를 한다.

#### 2) 마음풀기 프로그램

◎ **제목 : 전기 전달게임**

◎ **방법**

(1) 구성원이 원으로 둘러앉는다.

(2) 손을 술래가 볼 수 없게 뒤로 한다.

(3) 구성원들은 술래가 맞출 수 있게 전기를 보낸다.

### 3) 본 프로그램

◎ 제목 : 친구에게 힘 되어 주기

◎ 방법

(1) 힘 되어 주기가 무엇인지 이야기 나누고 공부한다.

(2) 내가 힘들 때 친구가 어떻게 해 줄 때 힘이 되었는지 이야기 나눈다.

(3) 구성원 2명과 자원봉사자 1명이 한조가 되어 실제로 겪었던 속상한 일을 정하고 배역을 정하여 역할극을 해본다.

(4) 기분이 어떤지 이야기 나누고, 배역을 바꾸어 다시 역할극을 한다.

(5) 양편의 기분이 어떨지 이야기 나눈다.

(6) 기쁘거나 기분 좋았던 일도 위와 같은 방법으로 역할극을 해보고 양편의 기분에 대해서 이야기 나눈다.

(7) 전체가 모여서 한내용에 대해서 이야기 나눈다.

### 4) 소감나누기

## ♣ 16회 : 친구와의 갈등에서 나표현하기

### 1. 개요

친구관계가 원만하려면 친구와 생활하면서 생기는 여러 일에 있어서 자신의 의사표현이 원만히 이루어지고 친구의 생각도 받아들일 수 있어야 한다.

그렇지 못할 경우 친구에게 불편한 감정이 생기고, 손해 보는 느낌, 무시 받는 느낌 등을 느끼며 피하게 된다. 이 시간에는 친구와의 갈등에서 내가 어떻

게 표현하면 좋을지 배우는 시간이다

## 2. 준비물

수건

## 3. 활동

### 1) 몸 풀기 프로그램

### 2) 마음풀기 프로그램

◌ 제목 : 수건돌리기

◌ 방법

(1) 구성원이 원으로 앉는다.

(2) 술래는 수건을 들고 노래에 맞추어 원 밖을 돈다.

(3) 수건을 다른 사람 등 뒤에 몰래 떨어뜨린다.

(4) 수건을 받은 사람이 술래가 되어 게임을 진행한다.

### 3) 본 프로그램

◌ 제목 : 친구와의 갈등에서 나표현하기

◌ 방법

(1) 생활하면서 친구와 갈등이 일어날 수 있는 일들이 어떤 일이 있는지 이야기 나누어 봅시다.

(2) 그런 상황에서 나는 친구에게 어떻게 대처했는지 이야기 나누어 봅시다.

(3) 옛날에 배운 나 전달법, 너 전달법을 다시 설명해 준다.

(4) 상황 예시문을 보고 이럴 때 어떻게 표현하면 좋은지 배워본다.

(5) 조별로 자신과 갈등이 되었던 친구를 생각하며 나표현하기를 연습한다.

(6) 구성원전체가 보는 앞에서 역할연극을 해본다.

(7) 서로에게 힘 되어주기

### 4) 소감나누기

## 4. 유의점

## 5. 진행유인물

(갈등상황)

**상황 1.**
등교 길에 친구 윤미를 만났다. 오늘도 역시 내가 '안녕"하고 인사하자 그냥 지나가 버린다. 점심때 밥도 같이 먹고 하는데 윤미는 나뿐만 아니라 다른 아이들이 인사를 해도 잘 받지 않는다. 무시당하는 것 같아서 기분이 나쁘다.

**상황 2.**
우리 반 영진이는 매일 나를 툭툭 치고 다닌다. 맞을 때는 별로 아프지는 않은데 기분이 나쁘다. 가끔씩 머리를 칠 때도 있다. 그때는 나도 그 아이를 한때 패고 싶은 생각이 든다.

**상황 3.**
내 친구 진석이는 나만 보면 욕을 한다. 감정이 있어서 그런 것도 아니고 친하다는 표현을 욕으로 하는 것 같다. 나는 아무리 친해도 나에게 욕을 하는 게 싫다. 그래서 진석이를 피하게 된다.

## ♣ 17회 : 부모님과의 갈등에서 나 표현하기

### 1. 개요

청소년기는 부모님의 보호에서 벗어나 혼자서 독립적인 사회인으로서 연습을 하는 시기라고 할 수 있다. 몸도 부모님보다 커지고 부모님 동의 없이 하고 싶은 일도 많아진다. 그동안 크게 느껴져 왔던 부모님의 존재가 아주 작게 느껴지기도 한다. 또한 독자적으로 행동하려는 태도에 부모님이 마음이 놓이지 않아 갈등이 생기기도 한다. 특히 사회적응력이 낮은 우리 프로그램 청소년들의 경우 어릴 때부터 본인의 의사보다는 부모님께서 일방적으로 처리하시고 제대로 하지 못하는 일 때문에 꾸중도 많이 들었을 것이다 그래서 부모님께 반감도 들고 무시하는 느낌이 들기도 할 것이다

이번 시간에는 자신을 이해 못하고 꾸중만 하시는 부모님의 마음을 이해해 보고 부모님께 자신의 의사를 효과적으로 표현하는 연습을 하고자 한다.

### 2. 준비물

신문

### 3. 활동

#### 1) 몸 풀기 프로그램

신체를 이완할 수 있는 간단한 체조를 한다.

#### 2) 마음풀기 프로그램

◎ 제목 : 참 참 참 게임

◎ 방법

(1) 뿅 망치 대신 신문지 방망이를 준비한다.

(2) 2명씩을 짝을 이룬다.

(3) 술래는 손을 가위의 모양으로 만들어 "참참참"이라는 말과 동시에 왼쪽이나 오른쪽 중 한 방향으로 보낸다.

(4) 상대방은 "참참참"이라는 말과 동시에 자신의 머리를 왼쪽이나 오른쪽 중 한 방향으로 돌린다.

(5) 술래의 손 방향과 상대방의 머리가 같은 쪽으로 일치하면 상대방은 술래가 갖고 있는 신문지 방망이로 맞는다.

(6) 신문지로 맞은 사람이 술래의 역할을 한다.

### 3) 본 프로그램

◎ 제목 : 부모님과의 갈등에서 나표현하기

◎ 방법

(1) 생활하면서 부모님과 갈등이 일어날 수 있는 일들이 어떤 일들이 있는지 이야기 나누어 본다.

(2) 그런 상황에서 나는 부모님께 어떻게 대했는지 / 어떻게 하고 싶었는지 이야기 나눈다.

(3) 나 전달법과 너 전달법을 복습한다.

(4) 자원봉사자는 예시되어 있는 지문을 역할극을 한다.

(5) 저런 상황에 나는 어떻게 할지 이야기 나눈다.

(6) 조별로 자신이 경험했던 일을 역할극을 통해 적절하게 표현하기를 해본다.

(7) 함께 모여서 조별로 역할극을 보여준다.

(8) 서로에게 힘 되어주기

### 4) 소감나누기

## 4. 진행유인물

나는 오늘 늦잠을 자서 학교에 지각 1분전에 도착했다. 그래서 세수도 대충하고 잠옷도 여기 저기 벗어 놓고 방 정리를 하지 않고 집에서 나왔다. 학교가 끝난 후 친구 선미가 자신이 어제 놓고 간 수학참고서를 찾아 간다고 하여 함께 집에 오게 되었다. 그런데 어머니께서 선미가 있는데도 "방을 그렇게 해놓고 갔냐고, 꼭 돼지우리 같다며 혼을 내셨다." 내가 방을 안치운건 잘못했지만 일부러 그런 것도 아니고, 친구가 있는데 그렇게 혼을 내고 싶은지 어머니의 행동이 화가 났다.

1. 역할극을 한다.
2. 상대를 바꾸어 역할극을 다시 한다.
3. 그때 상대방의 기분이 어떨지 이야기 한다.

▶ **내가 하고 싶은 말**

엄마 제가 방을 치우지 않고 간 것은 잘못했지만 아침에 늦잠을 자서 그런 것이고 친구가 있는데 저를 혼내서 기분이 많이 안 좋았어요.

저도 조심 할테니 친구 있을 때 야단치지 말았으면 좋겠어요.

## ♣ 18회 : 물건을 교환할 때는 어떻게 하면 좋을까요?

### 1. 개요

아동기를 거쳐 청소년기가 될 때까지 일상생활에 필요한 물건들을 대부분 부모님께서 사주시고 문제가 발생시에는 해결을 해주셨다. 그렇기 때문에 우리 학생들은 물건을 교환하는 경험이 많지 않을 것이다. 특히 소극적인 학생들은 더욱 그러할 것이다. 이 시간에는 상대방의 감정을 불쾌하게하지 않으면서 낯선 사람에게 물건을 바꾸려하는 나의 생각을 전달하는 방법을 연습하고자 한다.

### 2. 준비물

없음

### 3. 활동

#### 1) 몸 풀기 프로그램

신체를 이완할 수 있는 간단한 체조를 한다.

#### 2) 마음풀기 프로그램

◎ 제목 : 마주보고 손으로 밀어내기

(1) 2명씩 마주보고 선다.

(2) 서로 손을 펴서 손바닥이 닿을 정도로 거리를 유지한다.

(3) 팔을 펴서 손바닥으로 밀쳐내어 발이 먼저 떨어지는 사람이 진다.

### 3) 본 프로그램

◎ 제목 : 물건을 교환 할 때는 어떻게 하면 좋을까요?

◎ 방법

(1) 구성원들에게 부모님 없이 물건을 산 것 중 제일 기억에 남는 것을 이야기 나눈다.

(2) 자신이 산 물건 중에 교환하고 싶은 물건이 있었다면 돌아가면서 이야기 나눈다.

(3) 그중에 한 예를 자원봉사자자가 역할극을 통해 재연한다.

(4) 자원봉사자가 한 방법 말고 다른 방법은 없는지 이야기 나누고 다른 방법이 있다면 다시 역할극을 해본다.

(5) 자원봉사자 1명과 구성원 2명으로 조를 이루어 자신의 경험과 어떻게 해결하면 좋을지를 역할극으로 만든다.

(6) 전체가 보는 앞에서 1조씩 역할극을 해보고 해결 방법에 대해서 이야기 나눈다.

(7) 서로에게 힘 되어 주기

### 4) 소감나누기

## 4. 진행유인물

### 물건을 교환 할 때는

1. 가급적이면 상점이 개점하는 오전 시간은 피한다. (상점주인 기분도 배려하기)
2. 상점주인과 적절하게 시선을 맞추고 상대방이 알아들을 수 있는 음성으로 이야기 한다.
3. 구체적으로 물건을 사간 시간을 밝히고
4. 어떤 이유에서 물건을 교환하려 하는지 밝히고
5. 교환해 줄 것을 요구한다.
6. 물건 교환 후 감사하다는 의사를 표현한다.

### ▶ 상황 예시문 1

**어제 교통카드를 구입하였다. 그런데 오늘 등교길에 마을버스를 탔는데 카드가 되지가 않는 것이다. 그래서 그냥 돈으로 냈다. 하교길에 교통카드를 산 곳에 가서 바꿔야겠다.**

1. 아저씨 제가 어제 여기서 이 교통카드를 구입 했는데요 (교통카드 보임) 오늘 버스에서 처음 사용해 보니 되지가 않아서요. 새것으로 바꿔가고 싶은데요.
2. (아저씨가 바꿔주심)
3. 감사합니다.

### ▶ 상황 예시문 2

**백화점에서 가방을 샀는데 실밥처리도 제대로 안되어 있고 마음에 안든다. 나는 그 물건을 다른 것으로 바꾸기보다 현금으로 되돌려 받고 싶다.**

1. 안녕하세요. 제가 어제 여기서 이 가방을 샀는데요, 실밥처리가 제대로

안 되어서 갖고 왔는데요. 물건으로 안 바꾸고 현금으로 받고 싶습니다.

2. 점원 : 왜요? 다른 것 좋은 것도 많은데 다른 것으로 바꾸시지요?
3. 그건 아는데요. 지금은 현금으로 받고 싶습니다.
4. (점원이 현금으로 주심)
5. 감사합니다.

**※ 알아 둡시다.**

(1) 상점의 경우 현금으로 교환이 안되고 물건으로만 교환되는 곳도 있습니다. 물건사기가 주저되거나 다른 사람의 부탁을 받고 물건을 살 때는 사기전 교환은 되는지 현금교환은 되는지 물어 볼 필요가 있다.

(2) 대형 할인점에서 물건을 산 후 교환을 할 때는 물건을 산 영수증이 필요하다.

## ♣ 19회 : 공공장소에서 부당한 상황에 대처하기

### 1. 개요

우리는 사람들이 많이 모이는 지하철 등에서 상식 밖의 행동이나 부당한 행동을 당할 때가 있다. 마음에서 화가 나지만 그냥 참고 있다가 괜히 집에 와서 화풀이를 하는 경우도 있곤 한다. 이 시간에는 부당한 행동에 대처하는 연습을 하고자 한다.

## 2. 준비물

줄넘기 용 줄, 국어사전

## 3. 활동

### 1) 몸 풀기 프로그램

신체를 이완할 수 있는 간단한 체조를 한다.

### 2) 마음풀기 프로그램

◎ **제목 : 꼬마야 꼬마야**

◎ **방법**

(1) 진행자와 자원봉사자가 양쪽 줄을 잡고 "꼬마야 꼬마야 줄을 넘어라" 노래에 맞추어 줄을 넘는다. 혼자 넘기가 끝나면 둘이서 넘기를 한다. 그다음은 전체가 같이 넘기를 해본다.

### 3) 본 프로그램

◎ **제목 : 공공장소에서 부당한 상황에 대처하기**

◎ **방법**

(1) 공공장소의 뜻을 국어사전에서 찾아본다.

(2) 구성원이 돌아가면서 자신의 경험을 이야기 나눈다.

(3) 그런 상황에서 어떻게 대처했는지 이야기 나눈다.

(4) 지난시간에 배운 나 전달법 너 전달법을 복습해본다.

(5) 상황 예시문을 조별로 배역을 정하고 연극을 해본다.

(6) 구성원 전체에게 역할연극을 발표해 본다.

(7) 자신이 당한 부당한 상황에 대해서 하고 상대방에게 하고 싶었던 말을 나 전달법을 활용해서 발표해 본다.

(8) 서로에게 힘 되어 주기

### 4) 소감나누기

## 4. 진행유인물

▶ 상황 예시문

**1. 지하철역에서 생긴 일**

나는 오늘 친구들이랑 서울랜드에 놀러 가기로 했다. 그래서 지하철표를 사려고 매표소에서 줄을 서서 기다리고 있다. 사람들이 많아서 2분정도를 기다려서 우리가 표를 살 차례가 되었다. 그런데 어떤 아저씨가 나의 어깨를 밀치면서 "어이 아저씨 명동 하나 주쇼"라고 큰소리로 말을 하는 게 아닌가?

- 지금 나의 기분은 어떤가?
- 나는 아저씨에게 뭐라고 말을 하고 싶은가?
- 그 아저씨와 싸움을 하지 않고 내가 하고 싶은 말을 하려면 어떻게 해야 할까?

- 나오는 사람 : 주인공, 친구들, 쌥치기 아저씨, 역무원, 줄서서 기다리는 사람

**2. 지하철 의자에서**

나는 오늘 서울랜드에서 놀이기구도 타고 동물원도 갔었다 너무 많이 구경해서 다리도 아프고 피곤도 하고 해서 지하철에 앉자마자 다리를 앞으로 길게 내밀고 잠이 들었다. 지나가는 사람에게 미안도 했지만 몸이 편안해서 그러고 있었다. 그런데 지나가는 아저씨가 내발을 툭툭 걷어차면서"여기가 너네 집 안방인 줄 알아 OO같은 놈"아 하면서 욕을 하는 것이 아닌가? 아저씨가 발로 찬 다리가 아프기도 하고, 지금 나의 기분은 어떨까요?

- 나는 무엇을 잘못 했을까요?
- 아저씨가 잘못 한 점은 무엇일까요?
- 지금 내 기분은 어떨까요?

- 나오는 사람 : 주인공, 친구, 옆에 앉아 있는 사람들, 나를 혼낸 아저씨

## ♣ 20회 : 문제해결하기

### 1. 개요

유년기를 거쳐 청소년기 성인이 되는 과정에서 가정, 학교, 사회생활 등 생활반경의 폭이 넓어지고 다양한 사람을 만나면서 예상하지 못했던 일들과 혼자서 처리해야 되는 일들이 늘어나게 된다.

이번 시간에는 학생 스스로가 문제 상황을 처리하는 것과 부모님께서 해주셨던 일상생활의 일을 혼자서 해결하는 연습을 하는 시간이다.

### 2. 준비물

림보게임용 줄

### 3. 활동

#### 1) 몸 풀기 프로그램

신체를 이완할 수 있는 간단한 체조를 한다.

#### 2) 마음풀기 프로그램

◎ 제목 : 림보게임 하기

◎ 방법

(1) 자원봉사자가 양쪽의 줄을 잡는다.

(2) 구성원이 단체로 줄에 몸을 대지 않고 아래로 넘어간다.

(3) 구성원전체가 넘어가면 줄을 아래로 내려서 다시 시도한다.

(4) 점차적으로 줄을 아래로 내려가면서 구성원 전체가 시도하도록 한다.

(5) 줄이 바닥에 닿을 정도로 내려서 구성원들이 기어서 몸에 닿지 않고 줄을 통과하도록 한다.

### 3) 본 프로그램

◎ **제목 : 문제 해결하기**

◎ **방법**

(1) 진행 유인물의 상황 예시문을 구성원들에게 설명해 준다.
(2) 이럴 때 어떻게 하면 좋을지 이야기 나눈다.
(3) 구성원들이 이야기 한 방법 중 가장 적절한 방법을 골라 자원봉사자가 역할극을 한다.
(4) 각자가 돌아가면서 문제가 되었던 상황이나, 자기 혼자서 처리해야 하는데 힘들었던 일을 이야기 나눈다.
(5) 각자의 문제에 대해서 어떤 해결 방법을 쓰면 좋을지 칠판에 적어 보며 이야기 한다.
(6) 자원봉사자와 조원들이 조별로 자신의 문제와 그것을 해결하는 방법을 역할극으로 만든다.
(7) 구성원 전체에게 발표한다.
(8) 서로에게 힘 되어주기

### 4) 소감나누기

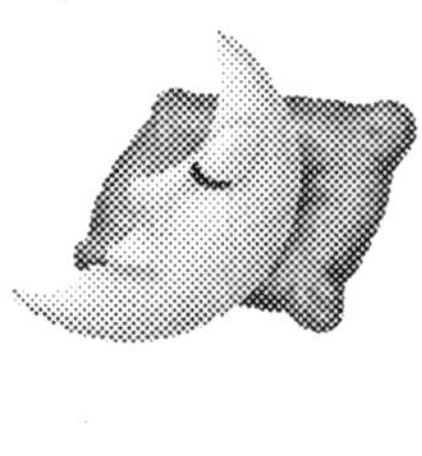

## 4. 진행유인물

▶ 상황 예시문 1

| 나는 엄마 심부름으로 이모님 댁에 다녀오는 길이다. 지하철에서 앉아서 졸다가 내릴 때 선반에 둔 가방을 놓고 내렸다. 가방 안에는 이모님이 엄마 갖다 드리라고 하신 물건이 들어 있다. 나는 그 가방을 꼭 찾아야 하는데 어떻게 하면 좋을까? |
|---|

▶ 상황 예시문 2

| 이번 추석 때 나는 시골에 다녀왔다. 3년 만에 다녀오는 것이다. 시골에 갔더니 친척 분들이 내가 많이 컸다고 용돈을 주셨다. 10만원 가까이 되는 돈이어서 내가 관리하기엔 부담이 된다. 그래서 은행에 저금을 하고 싶은데 어떻게 하면 좋을까? |
|---|

## 2) 생활적응 훈련

생활적응훈련이란 일상적인 생활에 있어서 우리가 접하게 되는 다양한 장소에 대한 적응을 목적으로 한다. 옛말에 "百聞이 不如一見"(백문이 불여일견)이라는 말이 있다. 백번 듣는 것이 한번 보는 것만 못하다는 뜻으로 무엇이든지 경험해야 확실히 알 수 있다는 뜻이다.

본 프로그램 대상 청소년들은 생활적응훈련을 통해서 자신이 생활하는 주변의 시설들을 스스로 이용할 수 있도록 하고 현장에서 느끼고 경험한 것을 바탕으로 일상생활에 적용함을 목적으로 한다.

## ♣ 1회

◎ 제목 : 요리를 만들어 봅시다.

◎ 목적 :

(1) 구성원들끼리 친해진다.

(2) 요리를 배워본다.

(3) 프로그램 관심도를 높인다.

◎ 방법 :

(1) 지난 시간에 조별로 나누어 준비하기로 한 재료를 확인하다.

(2) 실내에서 요리를 할 때 주의해야 할 점에 대해서 이야기 나눈다.

(3) 각조 별로 요리 방법에 대해서 조원들끼리 이야기 나눈다.

(4) 요리를 한다.

(5) 함께 모여서 나누어 먹는 시간을 갖는다.

(6) 소감 나누기

(7) 평가 나누기

◎ 진행자 유의사항

◈ 소감과 평가 나누기 시간은 진행자가 발표자를 지목하는 것 보다는 학생들끼리 서로를 지목하도록 한다.

◈ 대인관계가 원만하지 않고 자신감이 없으므로 자신의 생각을 발표할때에는 박수로 격려해 준다.

◈ 평가 나누기는 개인에 대한 평가가 아닌 팀에 대한 평가 이어야 하고, 시

정되어야 할 부분은 구체적인 사례를 들어 주고 잘된 부분은 많은 격려를 해준다.

## ♣ 2회

◎ **제목 : 미니 올림픽을 합시다.**

◎ **목적 :**

(1) 게임의 규칙을 배운다.

(2) 협동심을 기른다.

(3) 다른 사람의 행동에 관심을 갖는다.

(4) 자원봉사자와 친해진다.

(5) 구성원들끼리 친해진다.

◎ **방법 :**

(1) 구성원을 2조로 나눈다.

(2) 각조의 이름을 정한다.

(3) 몸 풀기 체조를 한다.

(4) 오늘 일정에 대해서 알려주고, 각 프로그램들을 설명해 준다.

(5) 각 게임의 시범을 자원봉사자들이 보인다.

(6) 미니 올림픽을 한다.(물 풍선 전달하기/머리에 책 놓고 돌기/ 과자 따먹기 게임/ 사탕 찾아먹기 게임/손으로 밀치기 게임/ 림보게임/ 탁구공 게임)

(7) 오늘의 MVP 뽑기

(8) 소감나누기

(9) 평가나누기

◎ 진행자 유의사항

◈ 구성원들이 상황을 이해하는 능력이 부족하기 때문에 경기 규칙을 세부적으로 설명하고 예를 보여 줄 필요가 있다.

◈ 경기 규칙은 여러 개를 한꺼번에 설명하지 말고, 한 가지씩 설명해 줄 필요가 있습니다.

## ♣ 3회

◎ 제목 : 극장에서 영화 관람을 합니다.

◎ 목적 :

(1) 극장에서 지켜야 할 공공예절을 익힙시다.

(2) 단체로 움직일 때 주의사항을 익힙시다.

(3) 영화를 관람합시다.

◎ 방법 :

(1) 영화시작하기 1시간 전에 모인다.

(2) 극장에서 지켜야 할 공공예절에 대해 이야기 나눈다.

(3) 단체로 움직일 때 주의사항에 대해서 이야기 나눈다.

(4) 3명 정도의 인원으로 나누고 조장을 정한다.

(5) 대중교통을 이용한다.(조별로 자원봉사자 배치)

(6) 영화를 관람한다.

(7) 소감나누기

(8) 평가나누기

◎ 진행자 유의사항

◈ 지켜야 할 공공예절의 경우 그냥 말로 이야기 하지 말고 구체적으로 지켜야 할 항목을 정해 줍니다.

◈ 평가나누기 시간에는 지켜야 할 항목을 정한 것을 보면서 스스로 평가를 할 수 있도록 한다.

## ♣ 4회

◎ 제목 : 친구 생일잔치를 축하해 줍시다.

◎ 목적 :

(1) 친구의 생일잔치를 축하해 준다.

(2) 초대 받았을 때 지켜야 하는 예절을 익힙시다.

(3) 구성원의 친목을 도모한다.

◎ 방법 :

(1) 부모모임 시간에 구성원의 생일을 파악한다.

(2) 생일 달이 비슷한 사람끼리 모아서 생일 파티 일정을 잡는다.

(3) 전 시간에 선물을 준비하도록 이야기 한다.

(4) 모임 당일 날 출발 전 초대 받았을때 지켜야 하는 예절을 배운다.

(5) 생일 집에 방문한다.

(6) 소감 나누기

(7) 평가나누기

◌ **진행자 유의사항**

◉ 프로그램 전에 부모님들과 생일 파티에 대한 의논이 이루어져야 한다.

## ♣ 5회

◌ **제목 : 볼링을 배웁니다.**

◌ **목적 :**

(1) 개인의 취미를 개발해 준다.

(2) 볼링의 규칙을 이해한다.

(3) 볼링장에서의 예의를 지킨다.

(4) 구성원들이 성취감을 느낀다.

◌ **방법 :**

(1) 전 프로그램 시간에 볼링의 경기 규칙에 대해서 설명한다.

(2) 실내에서 경기 규칙을 바탕으로 모의 경기를 해본다.

(3) 볼링장에서 지켜야 할 예절에 대해서 이야기 나눈다.

(4) 출발

(5) 소감 나누기

(6) 평가 나누기

◎ 진행자 유의사항

◉ 볼링장이 익숙하지 않은 학생들은 사람들 앞에서 공을 굴리는 것을 쑥스러워한다. 특히 볼링공이 핀에 맞지 않고 홈으로 빠지면 의기소침해 한다. 경기에 열심히 임하는 자체를 격려해 줄 필요가 있다.

## ♣ 6회

◎ 제목 : 자연과 어울려 하나가 되어 봅시다.

◎ 목적 :

(1) 일상생활에서 벗어나 자연을 접한다.

(2) 자연이 주는 편안함을 느끼는 연습을 한다.

(3) 나의 나무를 만들어 나 아닌 주변 사물에 애정과 관심을 갖는다.

◎ 방법 :

(1) 몸을 풀 수 있는 체조를 한다.

(2) 2인이 함께 하는 협동 체조를 한다.

(3) 원으로 둘러 앉아 수건돌리기를 한다.

(4) 자원봉사자는 보물찾기 포스트를 지정한다.

(5) 보물찾기를 한다.

(6) 나의 나무 찾기 프로그램을 한다.

(7) 소감나누기

(8) 평가 나누기

**▶ 세부 프로그램 : 나의 나무 찾기 프로그램**

◎ **제목 : 나의 나무 찾기**

◎ **방법 :**

(1) 학생과 자원봉사자가 1:1로 짝을 한다.

(2) 학생들에게 앞으로 할 프로그램의 내용을 소개한다.

(3) 자원봉사자와 학생이 어디로 갈지 방향을 정한다.

(4) 학생은 눈을 가리고 자원봉사자의 안내에 따른다.

(5) 자원봉사자와 학생은 눈을 가리고 손으로 나무를 만져서 자신의 마음에 드는 나무를 정한다.

(6) 나무를 안아보는 시간을 정한다.

(7) 나무의 촉감을 느껴본다.

(8) 나무의 냄새를 맡아본다.

(9) 눈가리개를 풀고 자신이 정한 나무를 감상한다.

(10) 나무의 이름을 정한다.

(11) 진행자는 돌아다니며 학생과 나무의 기념사진과 비디오를 찍고 정한 이름이 무엇인지 물어본다.

◌ 진행자 유의사항

- 학생들이 프로그램 종료 후 자신들이 버린 쓰레기를 제대로 처리하도록 한다.
- 학생들에게 촉감과 냄새를 맡고 감상하는 시간이 생소할 수 있다. 왜 이런 프로그램을 하는지 어떻게 하면 좋은지 먼저 알려줄 필요가 있다.
- 일상생활을 벗어날 수 있는 맑은 공기가 있는 자연으로 나가서 진행한다.

## ♣ 7회

◌ 제목 : 청소년 문화 콘서트 관람을 갑니다.

◌ 목적 :

(1) 현장 학습을 통하여 다양한 체험을 한다.

(2) 공연 에티켓을 익힌다.

◌ 방법 :

(1) 오늘 공연할 내용에 대해서 알려 준다

(2) 공연장까지의 교통편을 설명한다.

(3) 공연장에서 지켜야 할 에티켓에 대해서 이야기 나눈다.

(4) 공연장으로 이동한다.

(5) 오늘 공연에 대한 소감나누기를 한다.

(6) 평가 나누기를 한다.

◎ 진행자 유의사항

◉ 구성원들이 일반 청소년들에 비해 큰소리를 못견뎌하는 부분들이 있음.(자리 배치 등에 가급적 스피커 옆 등은 피하는 것이 좋다.)

◉ 소감 나누기는 구성원들 개개인의 자신의 생각이나 느낌을 이야기하는 시간이므로 구성원이 어떤 이야기를 해도 격려해 주는 분위기가 되어야 눈치를 보거나 위축되지 않고 이야기를 할 수 있다.

◉ 평가 나누기는 개개인의 잘잘 못을 따지는 시간이 되어서는 안되며, 팀 전체에 대한 평가를 내려야 한다.

## ♣ 8회

◎ 제목 : 딸기밭에 가봅시다.

◎ 목적 :

(1) 자연을 접할 수 있는 시간을 가진다.

(2) 자연 보호의 필요성을 느낀다.

◎ 방법 :

(1) 출발할 장소에 대해서 소개를 한다.

(2) 교통편에 대해서 설명을 한다.

(3) 단체로 움직일 때의 주의 점에 대해서 이야기 나눈다.

(4) 출발

(5) 농장 주인의 설명을 듣는다.

(6) 구성원이 놀았던 곳의 뒷마무리를 한다.

(7) 단체사진 찍기

(8) 소감 나누기

(9) 평가 나누기

◎ **진행자 유의사항**

◉ 1시간 이상 차를 타야 되므로 멀미약 등의 상비약을 챙긴다.

◉ 구성원의 과다한 행동으로 딸기밭이 상할 수 있으므로, 주의사항을 설명해 줄 필요가 있다

## ♣ 9회

◎ **제목 : 육군사관학교를 방문해봅니다.**

◎ **목적 :**

(1) 지역사회 주변의 문화탐방을 한다.

(2) 육군사관학교에 대해서 알아본다.

◎ **방법 :**

(1) 출발 전 육군사관학교가 어떤 장소인지 이야기 나눈다.

(2) 교통편에 대해서 알아본다.

(3) 준수사항에 대해서 이야기 나눈다.

(4) 출발

(5) 육군사관학교 관람

(6) 단체사진 찍기

(7) 소감나누기

(8) 평가나누기

◎ **진행자 유의사항**

◉ 아무 장소에서나 사진을 찍지 못하므로 지정된 장소에서만 사진을 찍는다.

## ♣ 10회

◎ **제목 : PC방에 갑니다.**

◎ **목적 :**

(1) 둘이서 할 수 있는 오락을 통해 친밀감을 높인다.

(2) PC방의 좋은 점에 대해서 생각한다.

(3) PC방의 해로운 점에 대해서 생각한다.

◎ **방법 :**

(1) 방문할 PC방을 정한다.

(2) 출발

(3) 같은 게임을 하고 싶은 사람끼리 앉는다.
(4) 게임이나 인터넷을 한다.
(5) PC방이 우리에게 좋은 점에 대해서 이야기 나눈다.
(6) PC방이 우리에게 해로운 점과 부모님이 PC방 출입을 금지하는 이유에 대해서 이야기 나눈다.
(7) 소감나누기
(8) 평가나누기

◌ **진행자 유의사항**

◉ 본 프로그램에서는 PC방을 구성원에게 행동수정에 있어서 강화물로 쓰였던 항목이다

◉ 방문자체의 목적보다 구성원들이 PC방을 좋아하는 이유와 부모님들이 PC방 출입을 금지하는 이유에 대해서 구성원들이 생각해 보는데 프로그램의 중심을 두어야한다.

## ♣ 11회

◌ **제목 : 야외수영장에 갑시다.**

◌ **목적 :**

(1) 구성원간 친목을 도모한다.
(2) 물놀이를 한다.
(3) 안전 수칙을 익힌다.

◎ **방법 :**

(1) 조를 정하고 각조에 자원봉사자를 배치한다.

(2) 교통편에 대해서 이야기 나눈다.

(3) 단체행동의 주의 점에 대해서 이야기 나눈다.

(4) 안전수칙에 대해서 공부한다.

(5) 출발

(6) 물놀이 즐기기

(7) 단체 사진 찍기

(8) 소감나누기

(9) 평가나누기

◎ **진행자 유의사항**

◉ 안전수칙은 프린트해서 출발 전 공부할 필요가 있다.

◉ 한조는 2명 정도로 하고 반드시 자원봉사자를 배정한다.

◉ 자원봉사자의 역할은 구성원의 일을 대신해 주는게 아닌 가이드의 역할을 담당한다.

## ♣ 12회

◎ **제목 : 청소년 수련관의 여러 시설을 이용해 봅니다.**

◎ **목적 :**

(1) 방문을 통해 혼자서도 이용하게 한다.

(2) 집 주변의 시설들에 대해서 알아본다.

◎ **방법 :**

(1) 청소년 수련관 안내지를 통해 장소에 대한 사전 설명을 한다.

(2) 셔틀버스 시간대를 확인하고 구성원 개개인의 집 앞에서 제일 가까운 정유소와 배정시간대를 알아본다.

(3) 공공장소에서 지켜야 할 예절에 대해서 알아본다.

(4) 출발

(5) 수련관의 여러 시설을 이용해 본다.

(6) 소감나누기

(7) 느낌 나누기

(8) 평가 나누기

◎ **진행자 유의사항**

◉ 구성원들의 생활반경을 넓혀 주고 생활가까이에의 여러 시설들을 개개인이 이용 할 수 있도록 하는데 목적이 있다.

◉ 구성원의 특성이 새로운 것에 위축되고 불편해 하므로, 조별로 당구시설이나 컴퓨터 시설, 만화방 등 수련관 구내 시설을 체험해 보도록 배려를 해 줄 필요가 있다.

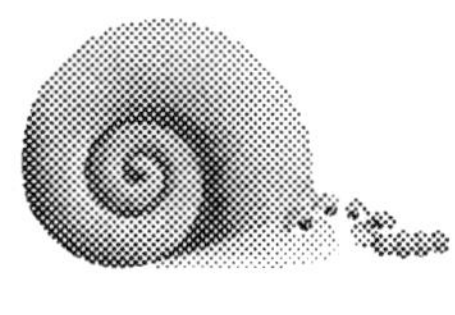

## ♣ 13회

◎ **제목 : 텃밭에서 일일농부가 되어 봅시다.**

◎ **목적 :**

(1) 자연의 소중함을 체험한다.

(2) 우리가 먹는 야채가 어떻게 자라는지 관찰한다.

(3) 텃밭 가꾸기를 해본다.

◎ **방법 :**

(1) 전 시간에 인터넷이나 안내 책자를 통해 그 계절에 자라는 야채에 대해서 조사해오게 한다.

(2) 준비 자료를 토대로 이야기를 나눈다.

(3) 가서 지켜야 할 준수사항에 대해서 이야기 나눈다.

(4) 채소들이 다치지 않게 조심스럽게 다루는 법을 익힌다.

(5) 출발

(6) 밭에서 직접 딴 채소로 식사를 한다.

(7) 단체사진을 찍는다.

(8) 소감나누기

(9) 평가나누기

◎ **진행자 유의사항**

◈ 본 프로그램은 구성원이 지속적으로 텃밭 가꾸는 것이 가능할지 판단해보기 위해서 진행되어 졌다.

◈ 의외로 행동이 부산한 구성원들이 야채 한 포기라도 안 다치게 다루는 모습들이 보였고 자신들이 딴 채소로 식사를 하면서 흡족한 모습을 보였다.

## ♣ 14회

◎ **제목 : 노원 자원 회수시설을 견학 갑시다.**

◎ **목적 :**

(1) 생활주변의 시설에 대해서 알아본다.

(2) 쓰레기 분리수거 요령을 배워본다.

(3) 분리수거의 필요성에 대해서 알아본다.

◎ **방법 :**

(1) 쓰레기 분리수거 요령에 대해서 공부한다.

(2) 교통편을 의논한다.

(3) 기관방문예절을 이야기 나눈다.

(4) 출발

(5) 노원 자원회수시설 견학

(6) 소감나누기

(7) 평가 나누기

◎ 진행자 유의 사항

※ 쓰레기 분리수거 교육은 서면으로 작성해서 나누어 주는 것이 구성원이 이해하고 외우는데 효과적이다.

※ 분리수거를 말로 설명하는 것보다 실제로 몸으로 체험하고 실행에 옮기니 이해가 잘 되고 자발적인 실천이 이루어 질 수 있다.

## ♣ 15회

◎ 제목 : 체육활동을 합시다.

◎ 목적 :

(1) 체력을 강화한다.

(2) 운동을 통해 스트레스를 해소한다.

(3) 구성원간 친목을 도모한다.

(4) 단체운동을 배운다.

◎ 방법 :

(1) 지역 인근의 학교 운동장으로 출발

(2) 오늘 할 경기소개와 각 경기의 규칙을 배운다.

(3) 운동시작

(4) 오늘의 MVP를 구성원이 직접 선정함.

(5) 소감 나누기

(6) 평가 나누기

◎ 진행자 유의사항

◈ 몸이 불편한 구성원의 경우, 참석가능 경기와 그렇지 않은 경기에 대해 배려가 필요하며, 진행자가 유의하여 몸이 불편한 친구가 마음이 상하지 않게 적절하게 진행할 필요가 있다.

◈ 구성원 중에는 대인관계 기피증으로 인해 단체경기를 싫어하거나 타인과 몸을 부딪치는 것을 싫어하는 사람이 있다. 이런 친구들은 그것을 인정해 줄 필요가 있다. 증상으로 인정하고 안 되는 부분을 의무적으로 시키지 말고, 단계적으로 해 볼 수 있게 해주며, 각 단계마다 박수 등의 방법으로 격려해 준다.

◈ 위의 경우 진행자의 격려도 필요하지만 다른 구성원의 박수도 해당 학생에게는 큰 힘이 되어 준다.

## ♣ 16회

◎ 제목 : 옹기 민속박물관을 견학합니다.

◎ 목적 :

(1) 박물관견학을 한다.

(2) 실제로 옹기를 만들어 본다.

(3) 견문을 넓힌다.

◎ 방법 :

(1) 박물관의 위치를 동네 지도를 통해 파악하도록 한다.

(2) 그곳까지 가는 교통편을 스스로 토론하도록 한다.

(3) 회의가 끝나면 제일 적절한 방법을 선택해 출발한다.

(4) 박물관을 견학하고 옹기도 만들어 본다.

(5) 단체사진 찍기

(6) 소감나누기

(7) 평가나누기

◎ **진행자 유의사항**

※ 진행자는 구성원 스스로가 위치파악, 교통편 등을 정할 수 있도록 안내자의 역할을 하며 결정은 구성원이 내리도록 한다.

※ 견학 자체의 목적도 있지만 스스로 결정하는 것과 단체로 질서 있게 움직이는 부분을 통해 성취감을 느낄 수 있도록 하는 부분이 중요하다고 생각 된다.

## ♣ 17회

◎ **제목 : 투별로 보고 싶은 영화를 보러 갑니다.**

◎ **목적 :**

(1) 자발적으로 움직이기를 한다.

(2) 자신의 의사를 효과적으로 표현한다.

◌ **방법 :**

(전 시간에 해야 할일)

(1) 2명이 한조가 되게 조를 구성한다. (조마다 자원봉사를 배치함)

(2) 조별로 자신이 보고 싶은 영화를 정한다.

(3) 영화시간에 따라 모이는 시간을 달리함.

(4) 교통편에 대해서 의논함.

(모임 당일 날)

(1) 진행자는 집합장소에 와서 기다린다.

(2) 영화시간에 따라 만나는 시간이 달라 질 수 있으므로 조별로 만나는 시간을 다르게 하여 출발시킨다.

(3) 출발 전 교통편, 주의사항 등을 다시 재교육한다.

(4) 영화 감상 후 진행자가 있는 곳으로 와서 마무리를 한다.

(5) 귀가

◌ **진행자 유의사항**

◍ 가급적 본인들이 알아서 정하도록 한다.

◍ 기능이 안 되는 조는 자원봉사자를 함께 가게하며, 될 수 있는 대로 본인들이 자발적으로 움직이게 한다.

◍ 자기들끼리 영화 감상을 한 것을 격려해 준다. 구성원의 자신감 회복에 도움이 된다.

## ♣ 18회

◌ **제목 : 6000원을 갖고 자신이 하고 싶은 일 하기**

◌ **목적 :**

(1) 자신이 하고 싶은 일을 표현한다.

(2) 성취감을 맛본다.

(3) 규모 있게 돈 쓰는 법을 배운다.

◌ **방법 :**

(1) 모여서 자신이 하고 싶은 것에 대한 이야기를 나눈다.

(2) 하고 싶은 것이 비슷한 구성원끼리 모은다.

(3) 2명 정도가 한 조가 되게 만든다.

(4) 세부 계획을 세우고 종이에 적어보게 한다.(가급적 2개 이상의 일을 해보게 함)

(5) 귀가 시간을 정하고 출발한다.

(6) 소감나누기

(7) 평가나누기

◌ **진행자 유의사항**

◍ 위 프로그램은 구성원이 구체적으로 생각해보고 실행해 보도록 하기 위함이다.

◍ 구성원이 규모 있게 돈을 쓸 수 있도록 진행자는 적절하게 조언을 해줄 필요가 있다.

◈ 한 가지 행동은 익숙한 것이라면 한 가지 행동은 생소한 행동을 넣어 구성원이 다양한 체험이 되게 하는 것이 필요하다.

## ♣ 19회

◎ **제목 : 조별로 정해 지역사회 문화탐험을 합니다.**

◎ **목적 :**

(1) 노원구에 위치한 문화유적을 탐방한다.

(2) 조원간의 협동심을 기른다.

(3) 성취감을 느낀다.

◎ **방법 :**

(1) 전 시간에 진행자가 노원구의 가볼만한 문화유적지 몇 곳을 선정하여 알려준다.

(2) 조별로 자신들이 갈 장소를 정한다.

(3) 교통편을 정한다.

(4) 조원끼리 의논하여 카메라와 메모지를 준비한다.

(모임 당일 날)

(1) 조별로 출발한다.

(2) 귀가 후 소감 나누기 평가 나누기

(3) 다음시간에 사진과 함께 방문 장소의 설명을 듣는다.

◎ 진행자 유의사항

◈ 진행자는 사전에 인터넷이나 해당구청에 문의 하여 지역의 문화유적에 대한 정보를 갖고 있어야 하며, 교통편도 파악하고 있어야 한다.

## ♣ 20회

◎ 제목 : 방송 어드벤처 견학하기

◎ 목적 :

(1) 견문을 넓힌다.

(2) 넓고 사람이 많이 모이는 공간에 대한 적응력을 높힌다.

◎ 방법 :

(1) 방송 어드밴쳐에 대한 소개를 한다.

(2) 가는 교통편에 대해서 소개를 한다.

(3) 가서 구성원들을 힘들게 할 수 있는 부분에 대해 미리 이야기 나눈다. (사람이 많아 정신이 없다. 차를 오래 탄다. 등)

(4) 위의 내용에 대한 대처 방법을 이야기하고 출발한다.

(5) 출발

(6) 견학하기

(7) 단체 사진 찍기

(8) 소감나누기

(9) 평가나누기

◎ 진행자 유의사항

◈ 진행자는 방송이나 신문 등을 통해서 구성원들이 이용할 수 있는 장소나 행사를 사전에 적절하게 확보할 필요가 있다.

## ♣ 21회

◎ 제목 : 영화 촬영소를 견학합니다.

◎ 목적 :

(1) 영화촬영장소를 가본다.

(2) 장거리 여행을 해본다.

◎ 방법 :

(1) 전 시간에 영화 [공동경비구역]을 본다.

(2) 출발

(3) 영화 촬영소를 견학한다.

(4) 소감나누기

(5) 평가나누기

◎ 진행자 유의사항

◈ 장소에 대한 실감성을 위해 그전에 해당되는 영화, 비디오를 보고 간것이 도움이 되었 다. (구성원끼리 세트를 가리키며, 해당되는 영화 부분을 이야기 함)

※ 영화 촬영소뿐만 아니라 주변의 경치 등을 활용해도 좋다. (눈이 많이 와서 구성원들이 눈싸움을 많이 했고, 한강의 경치가 멋있었음)

## ♣ 22회

◎ **제목 : 그동안 준비한 연극을 무대에 올립니다.**

◎ **목적 :**

(1) 연극을 통하여 자신감을 갖는다.

(2) 협동심을 기른다.

◎ **방법 :**

(1) 전 시간에 부모님께 드릴 초대장을 만든다.

(2) 소품을 챙긴다.

(모임 당일 날)

(1) 연극 셋트를 설치한다.

(2) 사전 연습을 한다.

(3) 부모님 소개 시간을 갖는다.

(4) 연극을 한다.

(5) 부모님과 함께 뒤풀이 시간을 갖는다.

(6) 소감 나누기

(7) 평가 나누기

◎ 진행자 유의사항

◈ 진행자는 평소 다른 시간을 이용해 구성원들에게 연극 연습을 하게 한다.

◈ 2조 정도로 나누어 2편의 연극을 올린다.

◈ 연극의 수준은 [어린이 동극집]의 것을 그대로 이용하거나, 상황이나 대사를 적절하게 바꾸는 것도 재미있다.

◈ 자투리 시간을 이용해 무대 배경을 만들거나 무대의상을 만드는 것도 구성원들에게 성취감을 높힐 수 있는 시간이 된다.

◈ 그동안 생활 적응 프로그램에서 찍었던 사진들을 모아 개인에게 사진첩을 증정 했는데 구성원들에게는 소중한 선물이 되었다.

## 3. 단기 집중력 향상 프로그램

단기 집중력 향상 프로그램은 일상생활에서 단기적으로 주의를 요하는 활동에 대한 적응훈련이라고 할 수 있다. 주의력 결핍장애를 갖고 있어서 주의집중에 애로사항이 있어도 단기적으로 집중을 요하는 행동은 반복된 학습을 통해서 집중하는 시간을 늘려가는 목적이 있으며, 나아가 단기적으로 집중을 하고 그 집중을 통해 받아들이는 사물에 대한 정확한 인식과 판단력을 향상시키고자 본 프로그램을 실시하였다.

## ♣ 1회

◎ 제목 : 조별 신문 만들기

◎ 목적 :

(1) 단기 집중력을 높인다.

(2) 일상생활의 다양한 정보를 배운다.

(3) 모르는 단어를 익힌다.

(4) 협동심을 기른다.

◎ 프로그램 전 활동

(1) 몸 풀기 프로그램 : 간단한 체조하기

(2) 마음풀기 프로그램 : 3.6.9 게임하기

◎ 집중력 향상 : 조별 신문 만들기

(1) 오늘 하게 되는 프로그램을 설명해 준다.

(2) 신문이 만들어 지기까지 어떤 경과를 거치는지 배워본다.

(3) 자원봉사자 1명과 구성원 2명으로 1조를 이룬다.

(4) 조별로 자신들이 관심 있는 분야를 정한다.(세계,기후,환경,스포츠,음식)

(5) 조별로 해당분야의 신문 틀을 나누어 준다.

(6) 조별 작업을 한다.

(7) 돌아가면서 조별 신문에 대한 발표를 듣는다.

(8) 오늘 프로그램에 대한 소감을 나눈다.

(9) 주변 정리하기

◎ 진행자 유의사항

(1) 조별 프로그램을 하면서 모르거나 생소한 단어는 국어사전을 찾아 보도록 한다.

(2) 조별 발표시간에는 대표1명이 발표하는 것이 아니라 돌아가면서 모두 발표하도록 한다.

◎ 준비물 : 국어사전, 풀 , 가위, 신문 모은것, 신문틀, 진행유인물

## ♣ 2회

◎ 제목 : 속담과 한자표현을 맞춰 봅시다.

◎ 목적 :

(1) 속담을 익힌다.

(2) 한자 고사성어를 익힌다.

(3) 단기 집중력을 높인다.

◎ 프로그램 전 활동

(1) 몸 풀기 프로그램 : 간단한 체조하기

(2) 마음풀기 프로그램 : 청기 백기 게임

◎ 집중력 향상 : 속담이나 한자 표현을 맞춰보기

(1) 오늘 하게 되는 프로그램을 설명해 준다.

(2) 속담을 공부하는 시간을 갖는다.

(3) 만화 속에 숨어 있는 속담을 알아 맞춰본다.

(4) 고사성어를 공부하는 시간을 갖는다.

(5) 만화를 보고 해당하는 고사성어를 맞춰본다.

(6) 빙고게임하기

(7) 프로그램에 대한 소감 발표하기

◎ **진행자 유의사항**

(1) 이 프로그램은 집중력 향상에 도움이 되고 생활상식인 속담과 고사성어 익히기에도 도움이 된다.

(2) 속담과 고사성어 설명시 적절한 예를 들어주면 효율적인 이해를 한다.

(3) 빙고게임에는 사탕 등 작은 보상물을 준비하면 좋다.

◎ **준비물** : 진행유인물, 국어사전, 필기도구, 선물

## ♣ 3회

◎ **제목 : 흩어져 있는 단어 조합하기**

◎ **목적** :

(1) 집중력을 높인다.

(2) 협동심을 기른다.

(3) 다른 사람의 말을 주의 깊게 듣는다.

◎ **프로그램 전 활동**

(1) 몸 풀기 프로그램 : 간단한 체조를 한다.

(2) 마음풀기 프로그램 : 참참참게임

◎ 집중력 향상 프로그램 : 흩어져 있는 단어 조합하기

(1) 프로그램을 설명해 준다.

(2) 자신의 이름, 혹은 연예인 이름의 한 글자씩 섞여있는 카드를 흩어 놓는다.

(3) 각자 흩어져 단어카드를 조합하여 이름을 맞춘다.

(4) 다른 사람이 갖고 있는 카드도 유심히 살펴 공동작업을 한다.

(5) 단어 카드의 조합이 끝나면 그 중 자신이 좋아하는 연예인을 찾고 소개하는 순서를 갖는다.(그 사람의 특징, 좋아하는 이유 등)

(6) 프로그램에 대한 소감을 듣는 시간을 갖는다.

◎ 진행자 유의사항

(1) 처음에는 힌트 없이 카드를 조합하다가 시간이 지연되거나 집중력이 떨어지면 적은 이름들을 하나씩 호명해 준다.

◎ 진행유인물

참여학생, 연예인, 이름, 자원봉사자 이름을 카드에 한 단어씩 적는다.

| 핑 | 클 | 유 | 승 | 준 | 원 | 빈 | 류 | 시 | 원 |
|---|---|---|---|---|---|---|---|---|---|
| G | O | D | 김 | 건 | 모 | 신 | 화 | P | S |
| Y | H | O | T | 전 | 지 | 현 | 차 | 태 | 현 |
| 코 | 요 | 테 | S | E | S | 송 | 혜 | 교 | 송 |
| 승 | 헌 | 백 | 지 | 영 | 조 | 성 | 모 | 안 | 재 |
| 모 | 김 | 혜 | 수 | 엄 | 정 | 화 | 샤 | 크 | 라 |
| 클 | 릭 | 비 | 이 | 휘 | 재 | 남 | 희 | 석 | 듀 |
| 스 | 강 | 호 | 동 | 왁 | 스 | 학 | 생 | 이 | 름 |
| 학 | 생 | 이 | 름 | 학 | 생 | 이 | 름 | 자 | 원 |
| 봉 | 사 | 자 | 이 | 름 | 자 | 원 | 봉 | 사 | 자 |

## ♣ 4회

◎ 제목 : 숫자 기억하기 / 끝말잇기

◎ 목적 :

(1) 단기 집중력 향상하기

(2) 단기 기억력 향상하기

◎ 프로그램 전 활동

(1) 몸 풀기 프로그램 : 간단한 체조하기

(2) 마음풀기 프로그램 : "쉿" "똥"게임하기

◎ 집중력 향상 Ⅰ : 끝말잇기

(1) 진행자가 한 단어를 말한다.

(2) 옆 사람이 그 단어의 끝단어가 처음글자가 되도록 끝말잇기를 한다.

(3) 순서대로 돌아가면서 해본다.

◎ 집중력 향상 Ⅱ : 숫자기억하기

(1) 프로그램에 대해서 설명해 준다.

(2) 한글카드 밑에 숫자 카드를 순서 없이 배치한다.

(3) 한글카드 하나하나를 넘겨 그 밑에 있는 숫자카드를 외우도록 한다.

(4) 전체적으로 한 번 더 보여준다.

(5) 한글카드를 위에 놓아두고 진행자가 숫자를 1부터 호명하여 맞추도록 한다.

(6) 프로그램에 대한 소감나누기를 한다.

◎ **진행자 유의사항**

(1) 끝말잇기는 돌아가면서 하기 때문에 자신이 없거나 인지능력이 떨어지는 학생들은 힘들어한다. 그럴 경우는 자원봉사자를 배치하여 함께 할 수 있도록 한다.

◎ **준비물** : 숫자가 적혀 있는 카드. 한글이 적혀 있는 카드, 카드를 부칠 게시판

◎ **참고**

**"쉿" "똥" 게임이란**

1) 구성원이 원으로 둘러앉는다.
2) 코와 입사이의 인중에 엄지손가락을 올려놓는다.
3) "쉿"은 오른 쪽 방향, "똥"은 왼쪽 방향으로 규칙을 정한다.
4) 술래가 인중에 엄지를 두고 오른쪽이나 왼쪽으로 방향을 전달한다.

(예 : 술래가 "쉿"을 하고 오른편 사람에게 전달했다면 그 사람이 같은 방향을 하고 싶으면 "쉿"을 하고 반격하고 싶으면 "똥"을 해서 방향을 바꾼다.)

◎ 진행 유인물 : 한글이 적혀 있는 카드

| 가 | 마 | 바 | 사 | 이 | 쑤 | 못 | 기 |
|---|---|---|---|---|---|---|---|
| 아 | 나 | 자 | 차 | 게 | 오 | 경 | 뚜 |
| 카 | 파 | 다 | 타 | 시 | 주 | 말 | 리 |
| 하 | 망 | 지 | 라 | 용 | 림 | 전 | 트 |
| 화 | 신 | 땅 | 패 | 류 | 버 | 드 | 와 |
| 발 | 엄 | 상 | 쭈 | 밍 | 송 | 음 | 뿡 |
| 콩 | 샤 | 문 | 앙 | 공 | 물 | 종 | 응 |
| 프 | 박 | 꾸 | 결 | 한 | 샤 | 천 | 론 |
| 미 | 징 | 풀 | 능 | 앵 | 두 | 황 | 호 |
| 딱 | 따 | 은 | 경 | 스 | 회 | 복 | 수 |
| 단 | 잠 | 칸 | 운 | 셀 | 깡 | 병 | 덩 |
| 링 | 행 | 동 | 채 | 터 | 반 | 솔 | 간 |

◎ 진행 유인물 : 숫자가 적혀 있는 카드

| 1 | 92 | 94 | 23 | 91 | 89 | 95 | 93 |
|---|---|---|---|---|---|---|---|
| 96 | 37 | 20 | 74 | 78 | 58 | 88 | 90 |
| 21 | 87 | 57 | 22 | 75 | 36 | 19 | 86 |
| 25 | 2 | 38 | 15 | 35 | 16 | 59 | 73 |
| 5 | 77 | 46 | 6 | 26 | 60 | 18 | 45 |
| 61 | 27 | 72 | 56 | 34 | 76 | 29 | 79 |
| 4 | 3 | 28 | 9 | 49 | 7 | 44 | 10 |
| 69 | 39 | 47 | 14 | 62 | 17 | 33 | 43 |
| 24 | 63 | 55 | 8 | 68 | 48 | 30 | 11 |
| 64 | 40 | 50 | 31 | 41 | 85 | 32 | 42 |
| 51 | 70 | 65 | 12 | 71 | 52 | 83 | 80 |
| 54 | 82 | 53 | 84 | 66 | 81 | 13 | 67 |

## ♣ 5회

◎ **제목 : 성냥갑 쌓기 / 잘못된 그림 찾기**

◎ **목적 :**

(1) 단기 집중력을 높인다.

(2) 인내심을 기른다.

(3) 협동심을 기른다.

◎ **활동 :**

(1) 몸 풀기 프로그램 : 간단한 체조하기

(2) 마음풀기 프로그램 : 수건돌리기

◎ **집중력 향상 Ⅰ : 성냥갑 쌓기**

(1) 하는 방법을 설명해 준다.

(2) 전체 3조로 나누어 정해진 시간동안 성냥갑을 쌓는다.

(3) 가장 높이 쌓은 조에게 보상을 한다.

◎ **집중력 향상 Ⅱ : 그림에서 잘못된 것 찾기**

(1) 하는 방법을 설명해 준다.

(2) 전체 3조를 나누어 정해진 시간동안 그림의 잘못된 부분을 찾는다.

(3) 제일 많이 찾은 조를 격려해 준다.

(4) 프로그램에 대한 소감나누기를 한다.

◎ **진행자 유의사항**

(1) 위 프로그램은 개인적으로 단기집중력을 높이는 효과도 있지만 조별로 협동을 기르는 것도 중요하다. 진행자가 조별 평가시 어느 조가 협동이 잘되었는지 강조를 한다.

◎ **준비물** : 수건, 성냥개비, 보상물, 잘못된 곳이 있는 만화 그림

## ♣ 6회

◎ **제목 : 순서대로 맞추어 봅시다.**

◎ **목적** :

(1) 역사 상식 배우기

(2) 단기 집중력 높이기

◎ **활동** :

(1) 몸 풀기 프로그램 : 간단한 체조하기

(2) 마음풀기 프로그램 : 3. 6. 9게임

◎ **집중력향상** Ⅰ :

만화의 주인공을 나오는 시대순으로 알아 맞춰보기 1, 2

방법 : 1) 진행유인물의 학습과제를 토대로 인물과 시대에 대해서 공부한다.

2) 그것을 토대로 만화 주인공을 시대 순으로 배열한다.

◎ **집중력 향상** Ⅱ :

순서대로 연결시켜보기 1, 2

방법 : 1) 무질서하게 배치되어 있는 만화를 상황을 판단하여 순서대로 배치해 본다.

◎ **집중력 향상** Ⅲ :

물음과 대답이 서로 어울리는 것끼리 연결시켜 보기

**방법** : 1) 아래, 위의 그림을 배치하고 서로 연관이 되는 상황을 찾아서 연결해 본다.

2) 프로그램에 대한 소감 나누기를 한다

◎ **진행자 유의사항**

(1) 프로그램을 하면서 역사적인 상식도 함께 공부하는 시간이 된다. 시대순으로 나열할때는 유인물을 보지 말고 외워서 할 수 있도록 한다.

(2) 한명 한명씩 호명하여 맞추기 식으로 하면 집중력이 많이 떨어지는 학생들은 위축될 수 있다. 모두가 함께 참여해서 하는 것이 효과적이다

◎ **준비물** : 국어사전 , 만화를 부칠 수 있는 게시판

◎ **참고자료** : 논리력 만화퀴즈 (김충원, 진선출판사)

## 4. 운동 프로그램

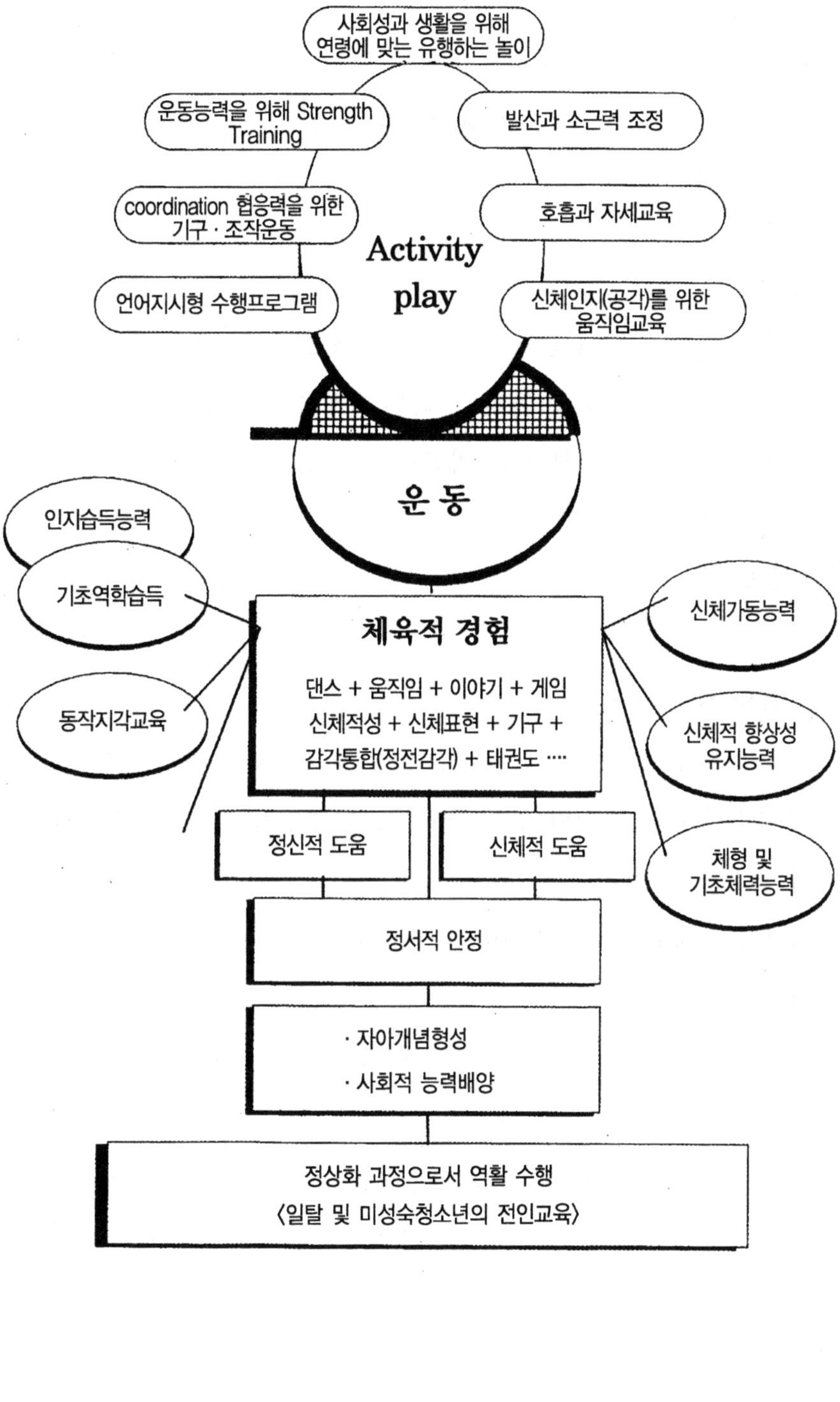
사회성과 생활을 위해
연령에 맞는 유행하는 놀이
운동능력을 위해 Strength
Training
발산과 소근력 조정
coordination 협응력을 위한
기구 · 조작운동
호흡과 자세교육
Activity
play
언어지시형 수행프로그램
신체인지(공각)를 위한
움직임교육
운 동
인지습득능력
기초역학습득
동작지각교육
체육적 경험
댄스 + 움직임 + 이야기 + 게임
신체적성 + 신체표현 + 기구 +
감각통합(정전감각) + 태권도 ····
신체가동능력
신체적 항상성
유지능력
체형 및
기초체력능력
정신적 도움
신체적 도움
정서적 안정
· 자아개념형성
· 사회적 능력배양
정상화 과정으로서 역활 수행
〈일탈 및 미성숙청소년의 전인교육〉

## ♣ 1회 : 신체활동을 이용한 수업 1

### ◎ 목적

(1) 감각자극(시각, 청각, 촉각)에 자극을 준다.

(2) 땀을 흘리며 몸의 이완을 돕는다.

### ◎ 방법

(1) 막대 풍선을 이용해 강아지를 만들 수 있도록 한다.(순서와 하는 방법을 알려주고 풍선을 불고, 돌리고, 묶는 과정을 경험하게 한다.)

(2) 에어로빅을 한다. (휘트니스 방식)

(3) 단체 및 개인 줄넘기

• 정리체조

### ◎ 진행자 유의사항

(1) 심박수를 높이기 위한 첫 방법으로 단체구령을 통한 준비운동을 실시해야 중간에 지치는 사람 없이 끝까지 프로그램을 마칠 수 있다.(관절 돌리기, 스트레칭 등)

(2) 워밍업을 하고 low function과 high function의 운동을 적절히 조합해야 몸에 무리가 없이 프로그램 진행을 할 수가 있다.

(3) cool down에서는 구성원이 신체적 발산이 완전히 되어야 다음단계로의 연결에 산만해 하지 않는다.

(4) 꼬마야 꼬마야를 실시하는데, 개인별 수준에 맞추어 가능한 운동기능이 낮은 구성원부터 실시하며 진행자의 시범 또는 모든 구성원의 격려와 박

수로 무안함을 없애준다.

(5) 줄을 돌려줄 때 잘 못하는 학생일수록 줄을 되도록 크게, 천천히 돌려야 실시자가 넘기가 용이하다.

(6) 모든 구성원이 함께 운동하도록 주의 깊게 보고 동참할 수 있도록 진행자는 구성원을 도와야 한다.

(7) 운동의 처음과 마지막은 심박수를 올리고 내리는 것인데 본 프로그램의 성격이 사회성중심이므로 프로그램 변형을 통해 활용을 함.(구성원 모두가 원을 만들어 어깨동무를 하고 쪼그려 뛰기, 왼쪽으로 10회, 오른쪽으로 9회, 왼쪽으로 8회 등으로 실시하여 한 가지 움직임에 집중을 하고 협동을 하도록 한다.)

## ♣ 2회 : 신체활동을 이용한 수업 2

### ◎ 목적

(1) 구성원들끼리 협동심을 기른다.

(2) 게임의 규칙을 익힌다.

(3) 긴장되어 있는 몸과 마음을 이완한다.

### ◎ 방법

(1) 에어로빅(휘트니스 방식)

(2) 태권도

(3) 풍선배구

(4) • 정리체조

### ◎ 진행자 유의사항

(1) 심박수 곡선의 단계별 운동내용 중 펑키, 브레이크 동작을 실시하여 흥미를 높인다.
(2) 중간 휴식 시간을 이용하여 구성원끼리 칭찬과 격려로 다음 프로그램의 참여도를 높인다.
(3) 태권도의 기본지르기, 차기를 한 후에 자세를 잡아 태극, 금강을 따라하게 한다. (진행의 정도는 따라하기로 품새의 숙지보다 협응에 목적을 두고 구성원이 무리 없이 실시되도록 유도한다.)
(4) 풍선배구 시에는 실내에 가운데 줄이나 장애물을 설치해 경기장을 만들고 팀을 정하고 규칙을 알려준다.
(5) 구성원이 경기의 주인공이 될 수 있도록 자원봉사는 보조를 하고 경기진행은 선생님이 해 공정하게 심판을 하고 심판사항에 대해서는 설명을 해준다.
(6) 정리운동은 간단한 스트레칭으로 실시하고 구성원 모두가 모여서 소감을 나누는 시간을 갖는다.

## ♣ 3회 : 신체활동을 이용한 수업 3

### ◎ 목적

(1) 정전감각을 기른다.

⑵ 구성원간의 협동심을 높인다.

⑶ 집중력을 높힌다.

◎ **방법**

⑴ 매트운동(등 뛰어 넘기), 2인 짝 운동

⑵ 에어로빅(레크댄스, 차차차)

⑶ 변형 사방치기

⑷ 정리체조, 하이 파이브

◎ **진행자 유의사항**

1) 매트 운동

⑴ 준비운동으로 관절 돌리기와 스트레칭을 충분히 하고 펌피 테스트나 싸이드 스텝으로 약간 땀이 차도록 한다.

⑵ 앞구르기, 정방낙법, 다리 벌려 구르기, 굴러 턴 등 동작을 연결하여 한 사람이 여러 가지 동작을 같이 해보도록 한다.

2) 2인 짝운동

⑴ 2인 짝운동의 경우 신장이 비슷한 사람과 할 수 있도록 한다.

⑵ 어깨 주물러 주기, 두 손 잡고 돌기, 짝 끼리 등을 마주대고 한명씩 업어 주기, 다리 사이 뛰어 넘기 (월계, 화계, 수수 목단, 금단, 초단 일)

3) 에어로빅 (레크댄스, 킨더폴카)

변화 된 환경과 타인과 만남을 쑥스러워하거나 접촉을 부담스러워하는 사람들에게 짝끼리 손을 마주 잡고 하는 동작 등을 통해서 대인관계의 기회를 넓힌다.

4) 변형 사방치기

바닥에 테이프로 선을 그려서 사방치기를 그리고 오제미를 준비하여 망으로 사용한다.

5) 정리운동

제자리 달리기, 몸털기, 스트레칭, 과절 돌리기를 한다.

## ♣ 4회 : 신체활동을 이용한 수업 4

◎ 목적

(1) 적응하기 쉬운 정적놀이를 통해 스트레스 발산과 성취감 느끼기 팀별 경기로 공감대를 만들고 그 안에서 나를 알 수 있는 시간 갖기

◎ 방법

(1) 에어로빅 (작품식), 손유희

(2) 축구 숏 차기

(3) 중국씨름, 줄 당기기, 망 까기, 지네게임

(4) 정리체조, 어깨동무 하고 돌기

◎ 진행자 유의사항

1) 에어로빅

(1) 작품성이 있는 에어로빅 동작을 만들어 동작 하나 하나에 번호를 붙여 알려준다.

(2) 음악을 틀어 번호 순서대로 동작을 따라하며 운동을 해본다.

2) 축구 슛 차기

(1) 골대는 매트, 공은 탱탱볼과 헝겊으로 만들어진 축구공으로 실시하는데 패스와 연결하여 슛을 할 수 있도록 하며 개인마다 10번 기회를 준다.

(2) 진행자는 개인의 능력에 맞게 패스 시켜주며 모두 참석하도록 돕는다.

3) 중국씨름

(1) 개인경기로 시작해서 팀 경기로 연결시키거나 처음부터 팀 대표 주자 게임으로 실시해도 좋다.

(2) 이 경기는 2인이 한손을 악수하는 방향으로 잡고 자신이나 상대의 힘을 이용하여 발을 띠게 하거나 넘어뜨리면 승리하는 것으로 토너먼트로 경기하는데 보조진행자인 자원봉사자도 모두 참석한다.

4) 망까기

바닥 선은 테이프로 그리고 망은 종이 상자를 이용해 실시함.

5) 지네게임

(1) 팀 단위로 지네모양으로 다리 벌리고 앉아서 앞사람의 허리를 잡는다.

(2) 손을 쓰지 않고 발과 엉덩이를 이용해 전진하는데, 허리가 끊어지지 않고 반환점 돌아오기, 후진도 가능함

6) 정리체조 / 어깨동무 돌기

(1) 어깨동무를 하고 원으로 앉는다.

(2) 쪼그려 뛰기를 왼쪽으로 10번-오른쪽으로 9번-왼쪽으로 8번 등으로 한다.

## ♣ 5회 : 신체활동을 이용한 수업 5

### ◎ 목적

(1) 프로그램을 통하여 몸의 유연성을 높인다.

(2) 구성원 간의 친목을 도모한다.

### ◎ 방법

(1) 준비운동(관절 돌리기, 가벼운 런닝)

(2) 팽이 돌리기, 말뚝 박기

(3) 훌라우프 돌리기, 줄넘기/통과하기, 검도대련

(4) 정리체조, 어깨동무 돌기

### ◎ 진행자 유의사항

1) 준비운동

(1) 준비운동은 심박수의 80%정도로 스트레칭보다 관절돌리기를 중심으로 실시한다.

(2) 관절 돌리기는 심장에서 먼 곳부터 실시한다.

2) 팽이 돌리기

(1) 팽이 돌리기 방법을 설명하고 팽이와 줄을 나누어 준다.

(2) 던지는 방향을 정해주며 감기나 돌리기에서 잘 이루어지지 않는 것은 자원봉사자가 보조를 한다.

3) 검도대련

(1) 스치로풀로 만들어진 스포츠 검으로 막기와 때리기를 구령을 붙여 연습해보고 대련에 들어간다.

(2) 세게 맞거나 얼굴에 맞을 경우 실시자가 감정이 상할 수 있으므로 때릴 수 있는 곳은 머리와 엉덩이로 정하고 대련한다. 실시자는 머리에 안전모를 써야한다.

## ♣ 6회 : 신체활동을 이용한 수업 6

◎ **목적**

(1) 실외에서 하는 프로그램에 적응하기

(2) 신체적, 정서적 이완을 돕는다.

◎ **방법**

(1) 준비운동(관절 돌리기, 가벼운 런닝) : 종이비행기

(2) 발야구

(3) 간이축구

(4) 정리체조, 스트레칭, 어깨동무 돌기

◎ **진행자 유의사항**

1) 준비운동

(1) 공원 한바퀴를 달리기하고 구령에 맞추어 준비운동을 실시한다.

(2) 서서해야 되므로 관절 돌리기와 피티 체조를 실시한다.

2) 발야구

(1) 발야구의 규칙을 설명해 준다.

(2) 경기는 총 5회로 하며 진행자는 공정히 심판을 서고 심판내용을 구성원

들에게 이해하도록 설명을 잘 해준다.

3) 간이축구

(1) 발야구 할 때와 다르게 다시 팀을 짜서 여러 사람과 어울리도록 한다.

(2) 축구 골대를 2개가 아닌 1개로 해서 구성원의 동선을 줄여주고 공이 많이 들어가도록 한다.

(3) 구성원 중 과격하게 몸싸움을 하는 사람을 골키퍼로 정해 부딪혀서 생길 수 있는 부상을 최소화한다.

## 5. 미술치료 프로그램

### 1) 사회성 증진을 위한 미술활동

(1) 아이들이 매개체를 활용한 사물을 집중해서 볼 수 있도록 하는 효과가 있다.

(2) 사물집중을 통한 관찰력을 키울 수 있다.

(3) 자신의 감정, 느낌을 생각 할 수 있다.

(4) 생각나는 느낌을 밖으로 표현 할 수 있다.

(5) 자신이 표현해 보고 싶은 점을 다른 사물 즉 그림을 통해서 나타내 본다.

(6) 표현방법과 자신이 소감을 통해 심리상태를 알 수 있다.

### 2) 미술에 있어서의 주의력 결핍장애와 정신지체 청소년의 다른 점

(1) ADHD (주의력 결핍장애)아동은 산만하고 자신의 감정과 느낌을 표현을 잘못한다는 특징이 있다. 행동은 부산스러움이 많으나 때로는 감정이 배제되어 있어 어떤 막이 있어 차단되는 느낌이 들기도 한다.

(2) 반면 MR(정신지체)는 감정의 기복과 변화가 많으나 이것을 적절하게 표현하지 못하는 부분이 크다고 할 수 있다.

### 3) 효과성

(1) 주의력 결핍장애의 경우는 부산스러운 아동이 한곳에 집중 할 수 있는 집중력을 높일 수 있고 배제된 감정을 끌어내어 올 수 있는 효과가 있다.

(2) 정신지체의 경우는 그들의 수준에 맞는 언어에서 감정의 표현을 할 수 있는 장점이 있다. 정신 지체의 경우는 언어로 표현하기 힘든 부분을 미술활동을 통해서 표현하고 진행자가 작품을 통해서 그 감정의 표현을 알 수 있다.

### 4) 교수방법

(1) 진행자는 프로그램구성원들이 프로그램을 완벽하게 소화 할 것이라는 기대를 하지 않는다. 자신이 생각해 온 기대에 못 미칠 경우 교사 자신의 생각과 태도가 프로그램의 전체적 진행에도 영향을 미친다.

(2) 대부분의 아이들이 칭찬을 받아 본 경험이 많지 않고 자신의 말이나 행동에 대해서 위축되어 있는 점이 많은 아이들이다. 따라서 진행자는 칭찬에 인색하지 말아야 된다. 표현 한 것 그 자체에 많은 격려를 해주고 박수를 아끼지 않는다.

(3) 아이들에게 질문을 할 경우 구체적으로 명확하게 한번에 한 가지씩의 질문을 한다.

(4) 대답을 잘못하는 아이들의 경우 너의 느낌이 어떠니 보다는 2분법적 접근을 쓸 것. 예)좋은 느낌이니 나쁜 느낌이니 좋은 느낌일 경우 거기에 또 구체적으로 질문해 줄 것.

(5) 발표하는데 어려움을 격고 새로운 것을 받아들이는데 시간이 걸리는 학생일 경우 공통된 주제로 이야기나 작업을 할 경우 충분히 생각할 수 있도록 그룹의 마지막에 발표를 하거나 행위를 하도록 배려를 함.

(6) 진행자의 일방적인 설명보다는 구성원들이 말이나 행위를 통해서 표현하는 시간이 많아지도록 배려를 한다.

## ♣ 1회

◎ **제목 : 벽화 그리기**

◎ **목적 :**

(1) 창작성과 자발성을 개발한다.

(2) 공동작업을 통해 사회성을 증진한다.

(3) 시각적인 전시효과와 성취감을 경험한다.

◎ **방법 :**

(1) 벽에 벽화를 그리기 위한 종이를 구성원들과 함께 부친다.

(2) 그림 그리는 방법과 규칙에 대해서 설명해 준다.(예: 다른 사람의 그림에

손을 대야 하는 경우 먼저 그린 사람의 허락을 받는다.)

(3) 너무 작거나 크게 그리지 않는다.

(4) 벽화 그리기가 끝나면 함께 모여서, 각자가 그린 그림에 대해서 발표하는 시간을 갖는다.

(5) 개개인의 그림이 아니라 벽화 전체에 대해서 자신의 생각을 이야기 나누는 시간을 갖는다.

(6) 작품 활동을 한 소감을 나누는 시간을 갖는다.

(7) 주변 정리하기

◎ **진행자 유의사항**

※ 구성원 모두가 참여 할 수 있도록 하며, 소극적이어서 참여를 힘들어하는 학생은 자원봉사자가 참여할 수 있도록 격려해 준다.

※ 자신들이 그린 그림을 말로 표현하라고 하면 많이 힘들어한다. 발표할 수 있는 충분한 시간을 주고, 발표를 하면 칭찬과 격려의 박수를 통해서 어떤 이야기를 해도 받아 들여진다는 경험을 하도록 한다.

## ♣ 2회

◎ **제목 : 지점토 활동을 통해 감정을 표현하기**

◎ **목적 :**

(1) 여러 가지 감정들을 구분해 본다.

(2) 같은 감정에 대해서 구성원끼리 공감해 본다.

(3) 자신의 감정을 표현해 본다.

◎ **방법 :**

(1) 국어사전에서 감정, 기분 등의 말을 찾아본다.

(2) 일상생활에서 우리가 느끼는 감정들을 알아본다.

(3) 자원봉사자와 구성원으로 이루어진 조를 짠다.

(4) 조별로 표현해 보고 싶은 감정을 정하고 돌아가면서 표현해본다.

(5) 지점토를 나누어 주고 하는 방법에 대해서 설명해 준다.

(6) 자신이 표현하고 싶은 감정을 지점토로 만들어 본다.

(7) 구성원끼리 돌아가면서 어떤 감정을 표현하려 했는지 알아 맞추어본다.

(8) 작품 활동에 대해서 소감을 나누는 시간을 갖는다.

(9) 주변 정리하기

◎ **진행자 유의사항**

- 이 프로그램은 자신들이 생활하면서 접하는 감정을 표현해 보는데 목적이 있다. (감정표현을 경험해 보지 않아서 많이 쑥스러워하므로 자원봉사자와 진행자가 격려를 해줘야한다)
- 작품을 통해서 자신의 감정을 표현하는 것은 기술을 요하는 부분이다. 때로는 무엇을 만들었는지 알 수 없을 때도 있다. 이런 경우 작품을 끝까지 만든 것을 칭찬해 주며, 표현하려고 한 감정이 무엇인지 물어봐준다.

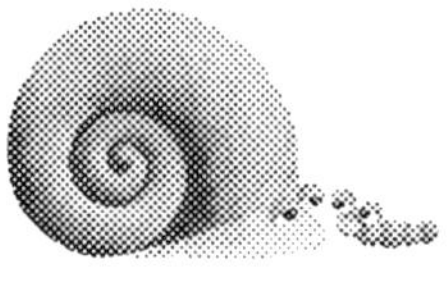

## ♣ 3회

◎ 제목 : 그림 완성하기

◎ 목적 :

(1) 연상되는 상징이나 느낌을 표현해 본다.

(2) 자신의 느낌을 다른 사람과 어떻게 공유하는지 연습한다.

◎ 방법 :

1) 그림 그리기

(1) 자원봉사자를 포함한 4명 정도의 인원를 1조로 만든다.

(2) 도화지에 단순한 상징을 부쳐서 개인에게 나누어 준다.

(3) 그 상징을 보고 연상되는 이미지를 다른 도화지에 그리게 한다.

(4) 옆 사람과 돌아가면서 다른 사람이 그린 도화지에 이어서 자신의 그림을 그려 넣는다.

(5) 돌려 그리기를 끝낸 후 자신의 도화지를 돌려받는다.

(6) 자신의 처음 그림에서 변형되어 있는 부분 중 지우고 싶거나 바꾸고 싶은 부분은 고쳐서 자신의 그림을 완성한다.

2) 감상하기

(1) 그림을 벽에 붙이고 처음 그림을 그릴 때 어떤 느낌인지 이야기 나눈다.

(2) 돌려 그리기를 통해 자신의 그림이 변형되어 있을 때의 느낌에 대해서 이야기 나누어 본다.

(3) 작품 활동에 대한 소감나누기를 한다.

(4) 주변정리를 한다.

◎ 진행자 유의사항

◈ 상징물을 받고 연상하여 그리라고 하면 연상하는 것을 많이 힘들어한다. 자원봉사자가 자신의 생각을 이끌어 낼 수 있도록 유도해 줄 필요가 있다.

◈ 위 프로그램 참석 학생들은 많이 위축되어 있다. 매 시간마다 충분한 격려와 박수로, 이 시간만큼은 어떤 이야기를 해도 놀림당하지 않는다는 생각을 구성원이 들도록 해야 한다.

## ♣ 4회

◎ 제목 : 미술 작품 감상 후 가면 만들기

◎ 목적 :

(1) 초상화를 감상하고 느껴지는 느낌 발표하기

(2) 가면에 나를 표현해 보기

◎ 방법 :

(1) 다양한 표정을 짓고 있는 초상화를 감상한다.

(2) 감상을 하면서 자신들이 느끼는 느낌을 발표하는 시간을 갖는다.

(3) 가면 탈을 나누어 주고 거기에 물감이나 그 밖의 재료를 이용해 "나"를 표현해 보는 시간을 갖는다.

(4) 무엇을 표현했는지 이야기 나누고 관련되어 생각나는 일이 있다면 함께 이야기 나눈다.

(5) 작품 활동에 대한 소감을 발표하는 시간을 갖는다.

(6) 주변 정리하기

◎ 진행자 유의사항

◈ 초상화 감상 후 감상발표 시간을 분리하지 말고 초상화를 보면서 즉시 느낌을 발표하게 하는 것이 발표력이 좋았다.

◈ 초상화의 분위기에 맞지 않게 엉뚱한 이야기를 하는 경우가 있는데 이런 경우 생각을 표현해 준 것을 격려해 주고 왜 그런 생각을 하게 되었는지 물어봐 준다.

◈ 가면에 나를 표현하는 것을 학생들이 힘들어한다. 자원봉사 선생님께서 시작을 할 수 있도록 격려해 주는 과정이 필요하다.

## ♣ 5회

◎ 제목 : 나의 미래를 표현하는 종이 인형 만들기

◎ 목적 :

(1) 나의 미래에 대해서 생각해 본다.

(2) 미래에 하고 싶은 일을 다른 사람에게 표현한다.

(3) 다른 사람의 생각에 관심을 갖는다.

◎ 방법 :

(1) 오늘 하고자 하는 프로그램을 설명해 준다.

(2) 나의 미래의 모습은 어떨지 종이인형으로 만든다.(복장, 악세사리 등 세

부적으로 묘사해 준다.)

(3) 벽면에 벽화 작업을 위한 종이를 붙인다.

(4) 자신들이 만든 인형을 벽 종이에 붙인다.

(5) 자신의 종이 인형을 중심으로 주변 환경을 그려 넣는다.

(6) 작업이 끝나면 자신의 미래에 대해 발표한다.

(7) 여러 명의 미래가 표현되어 있는 벽화 전체에 대한 감상을 발표하는 시간을 갖는다.

(8) 작품 활동에 대한 소감나누기

(9) 주변정리하기

◎ 진행자 유의사항

◈ 벽화 활동 중 다른 사람의 그림에 무례하게 침범해서 자신의 그림을 그릴 수도 있다. 이런 경우 상대방에게 사과를 먼저하고 꼭 침범을 해야 하는 경우 상대방에게 양해를 먼저 구해야 한다. 진행자나 자원봉사자는 학생들에게 그런 연습을 하게 해야 한다.

◈ 구성원들이 표현하는 미래의 장소들 중 중복되게 나오는 장소는 공동으로 그리게 하는 것도 효과적이다.

## ♣ 6회

◎ 제목 : 표현주의 작품을 감상 후 자신의 그림 만들기

◎ 목적 :

(1) 작가들이 어떤 기법을 사용하였는지 알아본다.

(2) 작가들이 무엇을 표현하려고 했는지 알아본다.

(3) 나의 생각이 들어 있는 작품을 만들어 본다.

◎ **방법 :**

(1) 슬라이드를 이용해 표현주의 작가의 작품들을 감상하고 작품의 설명을 듣는다.

(2) 작가들이 이용한 기법들에 대한 소개를 듣는다.

(3) 감상 후의 느낌을 이야기 나눈다.

(4) 준비되어 있는 재료를 이용해 표현할 수 있는 표현 기법들을 배워본다.(예: 핸드 페인팅, 고무찰흙, 실타래, 물감, 등등)

(5) 기법들을 응용해서 각자의 작품을 만들어본다.

(6) 완성 후 느낌을 발표하고 다른 사람은 어떤 작품을 했나 이야기를 듣는 시간을 갖는다.

(7) 작품 활동에 대한 소감을 나누는 시간을 갖는다.

(8) 주변정리하기

◎ **진행자 유의사항**

◉ 표현주의 작품 설정시 다양한 기법이 복합적으로 들어가 있는 것보다는 작가가 표현하려는 의도가 분명히 나타나 있는 것이, 학생들이 이해하는데 도움이 된다.

◉ 학생들이 응용력이 낮기 때문에 자신의 작품 활동을 하면서 난감해 하기도 한다. 진행자나 자원봉사자가 학생들이 적극적으로 참여 할 수 있도록 재료에 대한 설명이나 작품유도를 해 줄 필요가 있다.

## 6. 음악 치료프로그램

### 1) 소아, 청소년의 집단음악치료

#### 음악치료란 무엇인가?

음악치료는 정신적, 사회적, 심리적, 신체적 건강을 복원 및 유지, 향상하기 위해서 음악과 음악을 통해 나타나는 모든 양상들을 이용해서 이루어지는 인간 상호작용의 진행과정이라고 할 수 있다. 영역별로는 사회적 영역, 인지적 영역, 정서적 영역, 의사소통 영역, 운동기능 영역 등으로 나눌 수 있고 그것을 위한 활동으로는 악기연주, 노래부르기, 즉흥연주, 창작, 작곡, 노래 만들기, 음악 감상과 다른 활동들(긴장이완, 그림 그리기, 음악과 동작)등을 들 수 있다.

또한 대상자의 기능이나 목적에 따라 개인치료나 집단치료로 나누어 음악치료를 시행할 수 있는데, 음악은 사회적 행동으로 특히 집단 음악치료는 동료들과의 교류와 사회적인 발달이 요구될 때 적절한 치료일 뿐만 아니라 음악을 통해 사회적, 인지적, 정서적, 운동적, 언어적 요소를 통합할 수 있는 개입 방법이기도 하다.

### 2) 사회성 증진을 위한 소아, 청소년의 음악치료

음악의 힘은 개인보다 집단에서 극대화 되는데 이것은 집단 속에서의 개인의 역할과 상호 역동력이 필수적으로 강화되어지기 때문이다. 사회적 발달이 부족한 소아, 청소년에게 있어서 집단음악치료는 개인을 다른 사람과 관련시켜서 하나의 집단으로 통합시키는 역할을 함으로써 공통된 활동으로 이끌고 안전하고 지지적인 상호작용 내에서의 감정이입을 경험하고 친밀한 대인관계를 이루도록 하며, 행동에 대한 적절한 피드백과 강화를 통해 대인관계행동에 대한 경험을 얻을 수 있다.또한 개인에게 부과된 음악적 역할이 모여 하나의 음악작품으로 완성 됐을 때 음악적 성취감과 만족감을 통한 자아 존중감을 높힐 수 있다.

### 3) 음악치료사의 역할

음악치료사는 본격적인 음악활동을 시행하기 전에 대상자의 강점과 제한점, 개인정보, 다른 치료사들과의 의견교류, 그리고 음악환경 내에서 나타나는 대상자의 문제행동 등으로 진단평가를 하며 이후에 음악치료의 목적과 구체적인 목표를 설정하게 된다. 또한 치료과정이 효율적인지 정기적인 평가를 하게 된다.

## ♣ 1회

◎ **제목** : 우리들이 간직하고 싶은 마음

◎ **목적** : 감성 증진, 사회기술 향상

◎ **목표** : '사랑으로' 라는 노래를 진행자의 반주에 맞추어 불러보고 그룹으로 생활하면서 자신이 간직하고 싶은 마음을 서로 이야기 나누고 한가지 제목을 정하여 '사랑' 대신에 정한 제목을 넣어 '사랑으로' 노래를 부른다.

◎ **방법** :

도입 ① 오늘 하고자 하는 프로그램을 설명해준다.

② '사랑으로' 노래를 합창으로 부른다.

③ 우리가 어떤 마음을 간직하고 살면 좋을지 생각해 보는 시간을 갖는다.

④ 2명씩 짝을 지어 그룹을 만들고 어떻게 살면 좋은지 이야기 나눈다.

⑤ 의견을 모아 결정된 내용을 적어 본다.

전개 ① 한 그룹씩 적은 종이를 앞으로 갖고나와 '사랑으로' 노래에 '사랑' 대신 해당된 단어를 넣어 노래를 부른다.

② 진행자와 키보드 반주에 맞추어 헤어지는 노래를 부르며 마친다.

마무리 ① 소감나누기

② 응용 : 그룹에서 정한 제목 이외에 개인적으로 자신의 마음을 넣고 싶은 사람도 선별하여 '사랑' 대신 넣어서 불러본다.

③ 음악이 협동치료사 : 음악의 친숙한 멜로디와 리듬을 사람들과 자연스럽게 대화 할 수 있도록 유도하며, 멜로디와 리듬 위에 있는 노랫말은 사람들의 감성을 자극시키고, 노랫말을 마음에 새길 수 있도록 도와준다.

◎ 준비물 : 키보드, 종이, 펜, 종이를 부치기 위한 보면대나 칠판

## ♣ 2회

◎ **제목** : 즐거운 노래에 맞춰 에그(과일, 마라카스)흔들기

◎ **목적** : 자긍심 향상

◎ **목표** : 주어진 기타 반주와 노래에 후렴구에 의성어를 넣어 노래를 부르면서 에그(과일, 마라카스)를 흔들기를 한다.

◎ **방법** :

도입 ① 오늘 하고자 하는 프로그램을 설명해 준다.
② 다같이 기타 반주에 맞춰 '목장길 따라' 노래를 부른다.
③ 준비한 에그, 과일, 마라카스를 선택하도록 한다.
④ 진행자가 먼저 위의 악기로 1번, 2번, 3번씩 아래위로 흔드는 시범을 보인 후 다같이 박자에 맞춰 흔드는 연습을 해본다.

전개 ① 위의 노래에서 앞부분은 노래만 하고 후렴구에서 악기를 연습한대로 흔들면서 노래를 한다.
② 진행자의 기타반주에 맞춰 다같이 노래하며 악기를 흔드는 연습을 해 본다.
③ 한명씩 후렴구에 넣어 부를 의성어와 악기를 몇 번씩 흔들 것인지 생각해 보는 시간을 갖는다.
④ 한명씩 돌아가면서 자신의 의성어와 악기 흔들기를 한다.
⑤ 구성원전체가 자신의 의성어와 악기 흔들기를 동시에 한다.
⑥ 헤어지는 노래를 하며 프로그램을 종료한다.

마무리 ① 소감나누기

② 음악이 협동치료사 : 빠른 템포의 음악은 사람들의 기분을 상승시키고 즐거운 리듬과 멜로디는 생동감과 함께 자신의 역할을 자연스럽게 할 수 있도록 도와주어 자신감을 갖게 되고 자긍심을 향상시킨다.

◎ **준비물** : 기타, 가사 적힌 악보, 에그, 과일, 마라카스

## ♣ 3회

◎ **제목** : 숫자세기

◎ **목적** : 주의 집중력 향상

◎ **목표** : 주어진 리듬의 악기와 진행자에 의해 제시되는 숫자에 클라이언트는 치료사가 세는 숫자가 0이 될 때 치료사의 손에 들려있는 악기에 해당되는 사람이 자신의 악기를 연주하고 다시 치료사가 5라고 말할 때 다같이 연주하기를 3회 정확하게 실시한다.

◎ **방법** :

도입 ① 오늘 하고자 하는 프로그램을 설명한다.

② 구성원이 리듬악기를 선택해 가도록 한다.

③ 구성원이 선택한 악기이름을 하나씩 이야기하며 소리 내는 방법을 알려 주고 한명씩 소리 내어 보도록 한다.

④ 다같이 여러 가지 리듬으로 자유롭게 연주를 해본다.

전개 ① 잠시 멈춘 후 자신의 악기를 자유롭게 연주하는 도중 진행자가 악기를 손에 높이 들고 숫자를 5에서 0까지 센다고 설명한다. 0이 됐을 때 진행자의 손에 있는 악기를 가진 사람만 계속 연주하고 다른 악기를 가진 사람은 악기연주를 중단하자고 약속한다.

② 다시 진행자가 0에서 5까지 세면 모든 사람이 악기 연주를 다같이 계속 한다고 말한다.

③ 다같이 자유롭게 악기 연주를 해 나간다.

④ 연주 도중에 1개의 악기를 진행자의 손에 들고 5, 4, 3, 2, 1, 그리고 0을 크게 소리 낸다.

⑤ 해당되는 악기만 소리가 나는지 확인하면서 진행자도 클라이언트와 함께 악기를 연주한다.

⑥ 다시 0에서 5까지 세면 모든 사람이 악기 연주를 시작한다.

⑦ 3회 반복하여 실시한다.

마무리 ① 헤어지는 노래를 하며 프로그램을 종료한다.

② 소감나누기

③ 음악이 협동치료사 : 음악은 시간적 예술로 단체연주의 완성을 위하여 자신이 해당된 부분에 주의 집중하여 연주하도록 유도한다.

◎ **준비물** : 키보드, 여러 가지 리듬악기

## ♣ 4회

◎ **제목 :** '아리랑' 노래에 소고치기

◎ **목적 :** 자긍심 향상

◎ **목표 :** 주어진 장고 리듬과 번호가 적힌 3개의 아리랑 노래에 구성원은 노래를 부르고 소고치기를 80%이상 정확하게 연주한다.

◎ **방법 :**

도입 ① 오늘 하고자 하는 프로그램을 설명해 준다.

② 키보드 반주에 3개의 아리랑 노래(아리랑, 밀양아리랑, 강원도 아리랑)을 다같이 부른다.

전개 ① 준비한 소고를 나누어 주고 자유롭게 쳐보도록 한다.

② 아리랑 노래에 자유롭게 연주해 보도록 한다.

③ 준비한 리듬그림을 보여주고 해당된 리듬대로 진행자와 연습을 한 뒤 1개의 노래를 선택하여 노래에 맞춰 연주해 본다.

④ 위의 방법으로 나머지 3개의 리듬도 연습한다.

⑤ 구성원을 4그룹으로 나누어 1-4까지 번호를 정한다.

⑥ 준비한 가사악보에 적힌 숫자를 설명한다.

⑦ 자신의 그룹이 해당된 번호에서 순서대로 노래하고 연주하여 3개의 '아리랑' 을 연결하여 연주하도록 한다.

⑧ 위와 같은 방법으로 나머지 리듬도 노래하며 연주한다.

⑨ 노래에 맞춰 자유롭게 소고를 연주해본다.

마무리 ① 소감나누기

② 음악이 협동 치료사 : 우리나라 민요는 기분을 흥겹게 하고 그에 따르는 리듬은 사람들을 활동에 적극적으로 참여 할 수 있도록 유도한다. 또한 자신이 해당된 부분에서 노래와 연주를 해냄으로서 음악이 완성되는 것을 느끼며 성취감과 함께 자긍심을 향상시킨다.

◎ **준비물** : 키보드, 장고, 소고, 가사 적힌 종이, 리듬 그림 악보

## ♣ 5회

◎ **제목** : 콰이어 챠임 연주하기

◎ **목적** : 집중력 향상

◎ **목표** : 번호가 붙은 악보와 함께 해당하는 CD의 노래를 음악 감상을 하고, 자신의 번호 순서에서 콰이어 챠임을 3초 이내에 연주하기를 3번 한다.

◎ **방법** :

도입 ① 오늘 하고자 하는 프로그램을 설명해 준다.

② 생상스의 동물의 사육제 중 '백조' 를 들려준다.

③ 감상한 곡을 우리가 연주해 보자고 말한다.

④ 번호가 적힌 콰이어 챠임과 윈드 챠임을 나누어 준다.

⑤ 자유롭게 소리를 내보게 한 후 정확히 연주하는 방법을 진행

자가 시범을 보이며 가르쳐 준다.

전개 ① 자신의 번호를 확인시킨 후 1-20번까지 순서대로 소리를 내게 한다.

② 번호악보를 보며 자신의 번호가 적힌 곳에서 연주하라고 설명한 뒤에 진행자의 지시에 따라 천천히 연주해 본다.

③ 원활히 되지 않는 곳을 부분 연습한다.

④ 틈틈이 강화를 주며 좀더 빠른 템포로 연주한다.

⑤ 성취감을 느끼면 한 번 더 연주하며 마무리 한다.

마무리 ① 소감나누기

② 음악이 협동치료사 : 많이 들어 본 곡을 연주함으로 환자들에게 음악활동에 참여 할 수 있는 동기를 부여하고, 시간예술인 음악의 완성을 위하여 자연스럽게 환자는 집중을 할 수 있게 된다. 또한 자신의 참여로 곡이 완성됨을 느끼며 자긍심을 향상시킨다.

◎ **준비물** : CD, CD플레이어, 콰이어 챠임, 윈드챠임, 지휘봉, 번호악보

## ♣ 6회

◎ **제목** : 신체리듬을 만들면서 노래 부르기

◎ **목적** : 자긍심 향상

◎ **목표** : 주어진 기타반주와 노래에 구성원은 자신이 원하는 신체 리듬을 리듬표로 만들고 노래를 부르면서 신체리듬을 이행하기를 1번 시도에 1번한다.

◎ **방법** :

도입 ① 오늘 하고자 하는 프로그램을 설명한다.

② 다같이 '조개껍질 묶어' 를 부르자고 말하고 진행자가 기타를 치면서 노래를 2,3번 반복하여 부른다.

③ 노래를 부르면서 신체리듬을 만들어본다.

④ 준비한 신체 리듬표를 보이고 진행자가 원하는 신체리듬을 빈칸에 동그라미를 그리며 시범을 보인다.

전개 ① 위에서 만든 리듬을 연습한다.

② 연습한 리듬을 노래에 맞춰 움직인다.

③ 구성원이 함께 새로운 리듬을 만들어 본다.

④ 준비한 신체 리듬표와 펜을 나누어 주고 그룹을 만든다.

⑤ 그룹별로 표에 동그라미를 치며 신체리듬을 만든다.

⑥ 다 만든 다음 한 팀씩 완성된 신체 리듬표를 보여주고 진행자의 인도아래 해당된 리듬을 연습 한 후 노래를 부르며 연습한 신체리듬을 이행한다.

⑦ 그룹별로 돌아가면서 한다.

마무리 ① 소감나누기

② 음악이 협동치료사 : 음악의 빠른 템포와 단순하면서도 신

나는 멜로디는 사람의 기분을 상승시키고 자신이 잘 알고 있는 노래를 통하여 자신감과 활동의 참여를 유발한다. 또한 음악의 리듬을 다른 사람들과 같이 만들면서 사회기술을 향상시키고 자신이 만든 리듬을 여러 사람이 따라하는 것을 보고 성취감과 함께 자긍심을 향상시킨다.

◎ **준비물** : 기타, 신체 리듬표, 펜, 보면대

## 7. 심리극을 활용한 집단프로그램

### 1) 심리극의 정의

심리극(psychodrama)은 1920년 쟈콥 레비 모레노(Jacob Levy Moreno)에 의하여 제창되었다. 그는 심리극을 "진실의 극장" (A theater of true)으로 정의하고 상호작용적인 집단역동에 대한 통찰력과 창조성의 철학을 통합시켜 만들어낸 집단정신치료의 접근방식으로써, 그 후 수십 년에 걸쳐 다듬어지고 세분화되었다.

모레노는 심리극이란 연극적인 방법에 의한 인간존재의 진실 및 환경장면의 현실을 탐구하는 과학이라고 하였다. 즉 자신의 문제를 단순하게 말로 표현하는 대신에 자발적인 행동으로 문제 상황을 표현하는 자발성과 즉흥성, 창조성이 핵심이 되는 즉흥극이라 할 수 있다. 더불어 한 인간의 갈등에 관한 정서적 문제 해결을 포함한 설정에 관한 것으로서 주인공 중심이며 극은 주인공

인생의 많은 주변 즉, 과거, 현재, 미래를 오가며 주로 깊은 정서적 상황 쪽으로 이동하게 된다. 심리극을 통해 참여자는 자신의 문제를 행동으로 표출하며 또한 심리극적 표현방법을 통해 표출(acting-out)하려는 욕구를 통찰하고 그것에 관련된 환상, 기억, 투사 등이 의식의 수면으로 떠오르게 되므로 감정표현과 동시에 개인의 자아인식을 발달시켜 정서적 갈등을 명백히 해줄 수 있다.

즉, 심리극이란 자발적으로 선택되어진 주인공이 관객 앞에서 시간과 공간에 제약을 받지 않고 넘나들면서 자신의 고민, 갈등, 희망, 꿈 등을 구체적인 행동으로 표현하고 연기함으로서 개인이 가지고 있는 심리적인 차원을 다루어주는 집단 프로그램의 한 방법이라고 하겠다.

### 2) 프로그램 소개

일반적으로 게임이라 하면 재미있고 유쾌한 시간을 보내는 것이라고 생각되겠지만, 여기에서 말하는 게임은 인간관계 속에서 이루어지는 일련의 술수이며 반복되는 것이 특색이다. 게임을 시작하는 사람은 먼저 봉(이용물)이 되기 쉬운 사람을 찾는다. 그것은 고집이 세거나, 동정심이 많거나, 애정이 결핍된 사람등과 같이 성장과정이나 성격 면에서 무언가 약점을 갖고 있는 사람들이다. 그래서 상대방을 자극해 게임을 시작해 나가고 상대방의 부정적인 감정을 유발하는 경우가 많다. 이 프로그램은 client들이 교류분석(Transactional Analysis)에서 말하는 게임의 유형을 이해하고, 게임 속에서 자신은 어떤 역할을 맡고 있는지를 살펴보면서 자연스럽게 심리극으로 연결될 수 있도록 구성했다.

진행방법은 client가 감독이 되어 일어서도록 요청받고, 게임에서 동일한 방식으로 '소동'을 연기하도록 한다. 치료자는 감독(client)이 평소 자신이 게임을 행하거나 당할 때 도달했던 결론이나 결말 감정을 생각하고 연출하여 줄거리를 만들어 보도록 격려한다. 심리극을 연출하는 동안 감독은 실제로 자기 자신의 감정을 재 경험하고 명료화 할 수 있다. 이런 심리극 형식을 이용하여 client는 자신의 게임체계 밖으로 나가게 될 수 있다. 즉 이런 방식으로 게임에서 맡은 자기 역할을 검토하고 생각하고 연출할 수 있다. 감독역할은 자기 행동이 습관적 참가자이라기보다는 client가 흥미 있는 관찰자가 될 수 있다는 점에서 무인의 위치와 같다. 이러한 훈련을 통해서 client는 치료적 절차에 의한 실험과 새로운 자각을 획득하게 될 것이다.

참가자들은 게임에 대한 개념을 잘 이해하지 못할 수도 있기 때문에 편의상 게임과 관련된 두 가지의 상황극을 먼저 보여준 뒤 게임을 이해할 수 있도록 유도한다. 첫 번째는 참가자들이 흔히 행할 수 있는 게임을, 두 번째는 자신이 흔히 겪을 수 있는 게임을 상황극으로 보여준다. 내용은 참가자들에 따라 유동적으로 달라질 수 있다. 본 프로그램은 현재 상계백병원 정신과 병동에서도 활용되고 있으며, 소아청소년 대상으로는 시험적으로 4가지 게임을 선정해 시행해 보았다.

### ♣ 1회

◎ **제 목** : 예. 그렇지만 (Yes but)

◎ **참가자** : 진행자, 보조진행자 2명

◎ **목 적** : "예, 그렇지만" 게임을 이해한다.

"예, 그렇지만" 게임과 관련된 상황극을 보여준다.

첫 번째 상황극은 평소 방을 제대로 치우지 않은 자녀가 급히 찾아야 할 물건을 잃어버린 상황이며, 자녀는 부모의 말에 "알아, 하지만 이게 더 편하단 말야!"라는 대사를 마지막으로 한다.

두 번째 상황극은 백화점에서 옷을 사려는 상황이며, 부모는 자녀에게 원하는 옷을 사줄 것처럼 말하면서 "알겠어, 하지만 이게 너한테 더 잘 어울려."라는 대사를 마지막으로 한다.

**기대효과** : 상황극을 보면서 두 극의 공통점은 어떤 것이 있었고, 어떤 대사가 기억에 남고, 무엇을 느꼈는지 잠시 이야기 하는 시간을 만든다. 그런뒤 "예, 그렇지만"이 상황극 속에서 어떻게 나왔는지를 설명해주고, 하고 싶은 말이 있거나 비슷한 경험이 있던 참가자들의 이야기를 들어보고 주인공을 선정해 심리극을 진행한다.

### ♣ 2회

◎ **제 목** : 너 때문이야 (See what you made me do)

◎ **참가자** : 진행자, 보조진행자 2명

◎ **목 적** : "너 때문이야" 게임을 이해한다.
"너 때문이야" 게임과 관련된 상황극을 보여준다.

첫 번째 상황극은 아침에 급히 준비물을 챙겨달라고 했다가 부모가 제대로 챙겨주지 못하는 상황이며, 자녀는 "엄마 때문에 지각하게 생겼다" 라는 대사를 마지막으로 한다.

두 번째 상황극은 실수로 자녀가 컵을 깨서 어쩔 줄 몰라하는 상황에서 부모가 "하여튼 너 때문에 편할 날이 없어!" 라는 대사를 마지막으로 한다.

기대효과 : 상황극을 보면서 두 극의 공통점은 어떤 것이 있었고, 어떤 대사가 기억에 남고, 무엇을 느꼈는지 잠시 이야기 하는 시간을 만든다. 그런 뒤 "너 때문이야"가 상황극 속에서 어떻게 나왔는지를 설명해주고, 하고 싶은 말이 있거나 비슷한 경험이 있던 참가자들의 이야기를 들어보고 주인공을 선정해 심리극을 진행한다.

## ♣ 3회

◎ **제 목** : 차 주세요 (Kick me)

◎ **참가자** : 진행자, 보조진행자 2명

◎ **목 적** : "차 주세요" 게임을 이해한다.
"차 주세요" 게임과 관련된 상황극을 보여준다.

첫 번째 상황극은 집안에서 장난을 치다가 고의로 계속 동생을 울리고 괴롭히는데, 부모가 잘못을 추궁하자 계속 자기 잘못이 아니라고 하면서 동생을 괴롭혀 부모의 감정을 더욱 자극한다.

두 번째 상황극은 첫 번째와 유사한 장면으로, 아이들끼리 장난을 치다가 서로 다투게 되자 한 아이가 상대방에게 "때려봐! 때려봐!"라고 말하는 장면을 보여준다.

기대효과 : 상황극을 보면서 두 극의 공통점은 어떤 것이 있었고, 어떤 대사가 기억에 남고, 무엇을 느꼈는지 잠시 이야기 하는 시간을 만든다. 그런뒤 "차주세요"가 상황극 속에서 어떻게 나왔는지를 설명해주고, 하고 싶은 말이 있거나 비슷한 경험이 있던 참가자들의 이야기를 들어보고 주인공을 선정해 심리극을 진행한다.

## ♣ 4회

◎ **제 목** : 흠잡기 (Now, I've got you, son of bitch)
◎ **참가자** : 진행자, 보조진행자 2명
◎ **목 적** : "흠잡기" 게임을 이해한다.
"흠잡기" 게임과 관련된 상황극을 보여준다.

자녀의 바지가 학교에서 찢어져 아이들에게 놀림 받는 장면으로, 그 이후로도 아이들은 계속 주인공을 놀린다. 상황극을 보면서 어떤 대사가 기억에 남고, 무엇을 느꼈는지 잠시 이야기 하는 시간을 만든다.

그런 뒤 "흠잡기"가 상황극 속에서 어떻게 나왔는지를 설명해주고, 하고 싶은 말이 있거나 비슷한 경험이 있던 참가자들의 이야기를 들어보고 주인공을 선정해 심리극을 진행한다. 상황에 따라 집단따돌림을 주제로 하여 진행할 수도 있다.

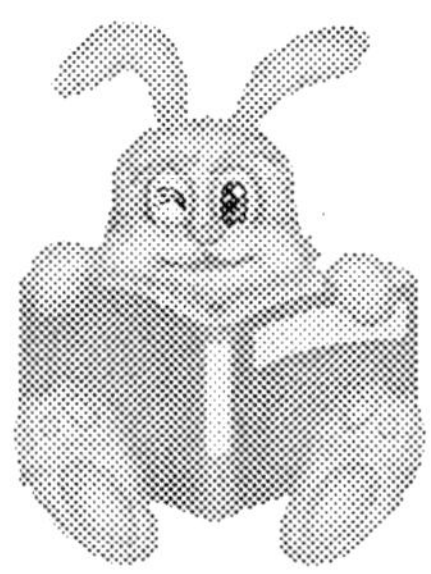

# 7장
# 프로그램을 위한 제언

1. 자원봉사자 제도
2. 텃밭 가꾸기
3. 동아리 결성하기
4. 부모자조 모임
5. 구성원 자치회의 프로그램
6. 직업탐색 프로그램

# 7장. 프로그램을 위한 제언

## 1. 자원봉사자 제도

### 가. 프로그램 종료자에 대한 종료 후의 사례관리

이 제도는 프로그램이 끝나고 case가 종결 된 후에도 그 학생들과 지속적인 관계를 유지하기 위한 제도이다. 프로그램 과정 중 이들은 사회사업가와 개별 면담을 하고 위기관리나 스트레스 관리를 해왔었다.

종료 후의 관계는 이들에게 선생님의 역할보다는 가족이외에 자신의 이야기를 들어 줄 수 있고 고민을 이야기 할 수 있는 편안한 관계를 유지 하는게 필요하리라 생각된다. 그러기 위해 사례담당자와 인터넷을 통한 만남의 창도 좋은 방법이고 정규적인 자원봉사자 모임 등의 만남의 자리를 마련하고 자신들끼리도 평상시 교우관계를 유지할 수 있는 장을 마련하는 게 필요하리라 생각된다.

### 나. 현재 프로그램 진행 중인 학생들

학생들은 생활하면서 여러 여건에서 나보다 나은 사람들과의 경쟁에서 많은 좌절을 느꼈고 상대적인 열등감으로 인한 무기력감을 경험한다.

이들이 여러 여건에서 힘든 상황에 접한 분들을 위한 자원봉사를 하면서 자신의 삶에 대한 동기도 부여하고 책임의식도 생긴다.

또한 요즘은 학교에서 방학 동안 의무적으로 자원봉사를 해야 하는데, 자발성이 약한 우리 학생들은 많은 애로사항이 있다. 이들이 주기적으로 자원봉사를 할 수 있다면 사회적응에 많은 도움이 된 것이다.

## 2. 텃밭 가꾸기

시험적으로 해본 텃밭 가꾸기 프로그램에서 행동 통제가 안되고 부산한 아이들이 풀 한 포기를 소중하게 다루는 과정을 보면서 이것이 살아 있는 교육이라는 생각이 들었는데, 자연을 쉽게 접하지 못하는 학생들이 텃밭 가꾸기를 통해 자연을 접하고 정서적 안정을 느끼고 생명의 소중함을 배우며, 규칙적으로 가지 않으면 경작물이 죽는 것을 보며 책임감을 배울 수 있고, 또한 자신이 기른 수확물을 보며 성취감도 느낄 수 있다.

## 3. 동아리 결성하기

이 프로그램에 오는 대부분의 학생들이 친구가 없거나 필요성을 못 느낀다. 이런 학생들에게 비록 인위적으로 만든 교우관계지만 프로그램 구성원들이 종결 후에도 동아리를 결성하여 청소년기를 함께 유대를 맺는 것도 그들의 삶을 윤택하게 하는데 필요하며 많은 도움이 된다.

## 4. 부모자조 모임

이 모임은 결성된 동아리 모임이 원활하게 잘 유지 되도록 돕는 기능이 강하다. 또한 비슷한 고민이 있는 어머니들이 함께 속이야기를 하며 아이들의 문제로 위축되어 교우관계의 폭을 좁힌 부분을 속내를 말할 수 있는 좋은 친구들을 만드는 모임이라고 할 수 있다.

## 5. 구성원 자치회의 프로그램

일일반장 제도를 통해서 통솔력과 자아 존중감을 높이고 진행자의 어려움을 이해 할 수도 있으며, 생일잔치 프로그램을 통하여 한가지 주제로 공통되게 관심 갖는 연습을 할 수 있으며 이런 모임을 통해 프로그램 종료 후 동아리 모임을 활성화 시킬 수 있게 된다.

## 6. 직업탐색 프로그램

지역 사회자원을 활용하여 성인이 된 후의 가질 수 있는 직업을 경험해 볼 수 있고, 직업 적성 검사를 통해 각자에게 맞는 직업을 찾아 볼 수도 있다. (각 복지관의 직업재활 프로그램, 직업상담사를 통한 직업적성검사를 받기 등을 활용한다.)

# 부 록

사회적 문제해결 능력검사

우울형용사 체크리스트

무망감 우울증 질문지

부모-자녀 간 의사소통 질문지

자아 존중감 척도

자기능력 지각척도

자아개념 측정 질문지

# 부 록

## 사회적 문제해결 능력검사

※ 다음은 일상생활 속에서 일어날 수 있는 이야기다. 여러분이라면 이럴때 어떻게 하겠습니까?

**상황 1.**
나는 지금 내 친구와 함께 집에서 놀고 있다. 그런데 엄마는 친구가 보는 앞에서 창피하게 청소를 하라고 잔소리를 하신다. 그리고 그렇게 매일 놀면서 공부는 언제 하냐고 하신다. 엄마가 잔소리를 하시는 건 당연한 것이지만 창피하게 친구들 앞에선 잔소리를 안 하셨으면 좋겠다. 내가 어떻게 해야만 어머니가 친구들 앞에서 잔소리를 안 하실 수 있을까?

1. 나의 기분은 지금 어떠한가?

2. 내가 뭐든지 다 할 수 있다면 나는 어떤 방법을 사용할까?

3. 실제로 나는 어떻게 해야 어머니가 친구 앞에서 잔소리를 하지 않을까?

**상황 2**
나는 같이 놀던 친구들과 싸운 후 함께 놀 친구가 없다. 친구가 없으니 학교에도 가기 싫다. 나는 새로운 친구를 사귀고 싶다. 내가 새로운 친구를 사귀려면 어떻게 해야 하는가?

1. 나는 어떤 마음이 들까?

2. 내가 뭐든지 다 할 수 있다면 나는 어떤 방법을 쓸까?

3. 실제로 나는 새친구를 사귀려면 어떻게 해야 하는가?

**상황 3**
나는 친구들과 이번 주말에 영화를 보러 가기로 했다. 그런데 지난주에 받은 용돈은 다 쓰고 남아있지가 않았다.
영화를 보러가려면 나는 어떻게 해야 할까?

1. 이때 나는 어떤 마음이 들까?

2. 내가 모든 걸 다 할 수 있다면 나는 영화를 보러가기 위해서 어떻게 할 수 있을까?

3. 실제로 나는 어떤 방법을 사용할까?

**상황 4.**
요즘은 시험기간이다. 수학시험을 보고 화장실에 갔는데 우리 반 아이가 담배를 피면서 나에게도 피워보라고 건넸다. 나는 선생님께 들킬까봐 겁이 났다. 내가 담배를 피우지 않으려면 어떻게 해야 할까?

1. 나는 어떤 마음이 들까?

2. 내 마음에서는 어떤 갈등이 들까?

3. 실제로 나는 어떻게 하면 담배를 피지 않을 수 있을까?

**상황 5.**
내가 복도를 지나가는데 어떤 아이가 발을 걸어 미끄러졌다. 그런데 그 학생이 모른체하고 그냥 지나간다.

1. 당신은 지금 기분이 어떻습니까?

2. 내가 모든 것을 다 할 수 있다면 그 아이를 어떻게 하고 싶습니까?

3. 실제로 그 아이에게 나는 어떻게 할 것입니까?

# 우울형용사 체크리스트

성명 : (                    )    남 / 여 : (            )

날짜 : (      년      월      일)

• 아래에는 감정과 기분을 묘사하는 여러 가지 단어들이 적혀 있다. 이 단어들 중에서 당신의 지금 현재의 느낌을 묘사하고 있는 단어에 체크(V표시)하여 주십시오. 어떤 단어들은 서로 비슷하기도 합니다. 그렇지만 차례로 읽어 가면서 당신의 느낌을 묘사한다고 생각되는 모든 단어에 체크해 주셔야 합니다. 될 수 있으면 빨리 해주시기 바랍니다.

| | | |
|---|---|---|
| 1. 가분하다(　) | 2. 따뜻하다(　) | 3. 맥빠진다(　) |
| 4. 어수선하다(　) | 5. 우울하다(　) | 6. 막막하다(　) |
| 7. 뿌듯하다(　) | 8. 침울하다(　) | 9. 든든하다(　) |
| 10. 착잡하다(　) | 11. 두근거린다(　) | 12. 비참하다(　) |
| 13. 시원하다(　) | 14. 편하다(　) | 15. 울적하다(　) |
| 16. 넌더리난다(　) | 17. 슬프다(　) | 18. 홀가분하다(　) |
| 19. 구슬프다(　) | 20. 서글프다(　) | 21. 외롭다(　) |
| 22. 좋다(　) | 23. 무기력하다(　) | 24. 개운하다(　) |
| 25. 멍하다(　) | 26. 섬뜩하다(　) | 27. 의기소침하다(　) |
| 28. 허전하다(　) | 29. 쓸쓸하다(　) | 30. 부드럽다(　) |
| 31. 느긋하다(　) | 32. 맥없다(　) | |

• 아래에는 감정과 기분을 묘사하는 여러 가지 단어들이 적혀 있습니다. 이 단어들 중에서 당신의 지금 현재의 느낌을 묘사하고 있는 단어에 ○표, 그렇지 않은 단어에 ×표 하여 주십시오. 어떤 단어들은 서로 비슷하기도 하다. 그렇지만 차례로 읽어가면서 모든 단어에 답해 주셔야 합니다. 될 수 있으면 빨리 해주시기 바랍니다.

| | | |
|---|---|---|
| 1. 가뿐하다( ) | 2. 따뜻하다( ) | 3. 맥빠진다( ) |
| 4. 어수선하다( ) | 5. 우울하다( ) | 6. 막막하다( ) |
| 7. 뿌듯하다( ) | 8. 침울하다( ) | 9. 든든하다( ) |
| 10. 착잡하다( ) | 11. 두근거린다( ) | 12. 비참하다( ) |
| 13. 시원하다( ) | 14. 편하다( ) | 15. 울적하다( ) |
| 16. 넌더리난다( ) | 17. 슬프다( ) | 18. 홀가분하다( ) |
| 19. 구슬프다( ) | 20. 서글프다( ) | 21. 외롭다( ) |
| 22. 좋다( ) | 23. 무기력하다( ) | 24. 개운하다( ) |
| 25. 멍하다( ) | 26. 섬뜩하다( ) | 27. 의기소침하다( ) |
| 28. 허전하다( ) | 29. 쓸쓸하다( ) | 30. 부드럽다( ) |
| 31. 느긋하다( ) | 32. 맥없다( ) | |

※ 출처 : 심리척도 핸드북 1 (고려대학교 행동과학연구소 . 학지사. P431)
이영호(1993) 귀인양식, 생활사건, 사건귀인 및 무망감과 우울의 관계 : 공변량 구조 모형을 통한 분석. (서울대학교 박사학위 논문)

# 무망감 우울증 질문지

성명 : (                    )    남 / 여 : (            )

날짜 : (       년       월       일)

다음 문장들을 잘 읽으시면서 그 문장이 요즈음 당신의 상태를 얼마나 잘 나타내고 있는지를 "아니다". "가끔 그렇다." "자주 그렇다." "항상 그렇다." 중의 하나에 ○표 해주십시오.

| | | | | |
|---|---|---|---|---|
| 1. 의욕이 없다 | 아니다 | 가끔 그렇다 | 자주 그렇다 | 항상 그렇다 |
| 2. 앞날에 대해서 비관적인 생각이 든다 | 아니다 | 가끔 그렇다 | 자주 그렇다 | 항상 그렇다 |
| 3. 외롭고 허탈하다 | 아니다 | 가끔 그렇다 | 자주 그렇다 | 항상 그렇다 |
| 4. 내가 별 볼일 없는 사람이라는 생각이 든다 | 아니다 | 가끔 그렇다 | 자주 그렇다 | 항상 그렇다 |
| 5. 눈물을 쏟거나 울고 싶어 진다 | 아니다 | 가끔 그렇다 | 자주 그렇다 | 항상 그렇다 |
| 6. 내가 바라는 대로 된 일이 없다 | 아니다 | 가끔 그렇다 | 자주 그렇다 | 항상 그렇다 |
| 7. 나는 남보다 무능하고 재치도 없는 것 같다 | 아니다 | 가끔 그렇다 | 자주 그렇다 | 항상 그렇다 |
| 8. 슬프고 울적하다 | 아니다 | 가끔 그렇다 | 자주 그렇다 | 항상 그렇다 |
| 9. 일을 하는데 예전보다 훨씬 힘이 들고 느려졌다 | 아니다 | 가끔 그렇다 | 자주 그렇다 | 항상 그렇다 |
| 10. 내 자신이 쓸모없는 사람이라는 생각이 든다 | 아니다 | 가끔 그렇다 | 자주 그렇다 | 항상 그렇다 |
| 11. 기운이 빠져서 아무 일도 하기 힘들다 | 아니다 | 가끔 그렇다 | 자주 그렇다 | 항상 그렇다 |
| 12. 무슨 일이든 노력해 봤자 안될 것 같은 생각이 든다 | 아니다 | 가끔 그렇다 | 자주 그렇다 | 항상 그렇다 |
| 13. 내 모습이 마음에 안든다 | 아니다 | 가끔 그렇다 | 자주 그렇다 | 항상 그렇다 |
| 14. 매사가 귀찮아진다 | 아니다 | 가끔 그렇다 | 자주 그렇다 | 항상 그렇다 |
| 15. 아무 일도 제대로 될 것 같지 않다 | 아니다 | 가끔 그렇다 | 자주 그렇다 | 항상 그렇다 |
| 16. 비참한 느낌이 든다 | 아니다 | 가끔 그렇다 | 자주 그렇다 | 항상 그렇다 |
| 17. 궁지에 빠진 느낌이 든다 | 아니다 | 가끔 그렇다 | 자주 그렇다 | 항상 그렇다 |
| 18. 내가 하는 일들이 엉망인 것 같다 | 아니다 | 가끔 그렇다 | 자주 그렇다 | 항상 그렇다 |
| 19. 나에게는 좋은 일이 생기지 않는 것 같다 | 아니다 | 가끔 그렇다 | 자주 그렇다 | 항상 그렇다 |
| 20. 다른 사람들이나 세상일에 대해 관심이 없어진다 | 아니다 | 가끔 그렇다 | 자주 그렇다 | 항상 그렇다 |

출처 : 심리척도 핸드북Ⅰ(고려대학교 행동과학 연구소. 학지사 p452), 이영호(1993) 귀인양식, 생활사건, 사건귀인 및 무망감과 우울의 관계 : 공변량 구조 모형을 통한 분석(서울대학교 박사학위 논문)

# 부모-자녀 간 의사소통 질문지

성명 : ( ) 남 / 여 : ( ) 날짜 : ( 년 월 일)

다음 질문들은 아버지와 자녀간의 의사소통에 관한 질문이다. 아버지와 여러분의 대화에 대해 잘 나타내 주는 번호에 O표 하세요.

| | | | | | |
|---|---|---|---|---|---|
| 1. 나는 주저함 없이 아버지께 내 주장을 이야기한다 | 전혀 그렇지 않다 | 대체로 그렇지 않다 | 보통이다 | 대체로 그렇다 | 항상 그렇다 |
| 2. 나는 때때로 아버지께서 나에게 말씀하시는 모든것을 믿지 못할 때가 있다 | 전혀 그렇지 않다 | 대체로 그렇지 않다 | 보통이다 | 대체로 그렇다 | 항상 그렇다 |
| 3. 아버지는 항상 나의 말에 귀 기울여 주신다 | 전혀 그렇지 않다 | 대체로 그렇지 않다 | 보통이다 | 대체로 그렇다 | 항상 그렇다 |
| 4. 나는 때때로 내가 원하는 것을 아버지께 요구하기가 두렵다 | 전혀 그렇지 않다 | 대체로 그렇지 않다 | 보통이다 | 대체로 그렇다 | 항상 그렇다 |
| 5. 아버지는 내게 말씀하시지 않아도 될 것을 말씀하시는 경향이 있다 | 전혀 그렇지 않다 | 대체로 그렇지 않다 | 보통이다 | 대체로 그렇다 | 항상 그렇다 |
| 6. 아버지는 나에게 묻지 않고도 내 느낌이 어떤가를 아신다 | 전혀 그렇지 않다 | 대체로 그렇지 않다 | 보통이다 | 대체로 그렇다 | 항상 그렇다 |
| 7. 나는 아버지와 대화하는 방식에 매우 만족한다 | 전혀 그렇지 않다 | 대체로 그렇지 않다 | 보통이다 | 대체로 그렇다 | 항상 그렇다 |
| 8. 나에게 문제가 생긴다면 나는 아버지께 말씀드릴 수 있다 | 전혀 그렇지 않다 | 대체로 그렇지 않다 | 보통이다 | 대체로 그렇다 | 항상 그렇다 |
| 9. 나는 아버지께 숨김없이 애정을 표시 한다 | 전혀 그렇지 않다 | 대체로 그렇지 않다 | 보통이다 | 대체로 그렇다 | 항상 그렇다 |
| 10. 아버지와 나 사이에 문제가 생겼을 때 나는 종종 아버지께 침묵을 지킨다 | 전혀 그렇지 않다 | 대체로 그렇지 않다 | 보통이다 | 대체로 그렇다 | 항상 그렇다 |
| 11. 아버지께 이야기하는 것이 조심스럽다 | 전혀 그렇지 않다 | 대체로 그렇지 않다 | 보통이다 | 대체로 그렇다 | 항상 그렇다 |
| 12. 아버지와 대화할 때 나는 말하지 않아도 될 것을 이야기하는 경향이 있다 | 전혀 그렇지 않다 | 대체로 그렇지 않다 | 보통이다 | 대체로 그렇다 | 항상 그렇다 |

| | | | | | |
|---|---|---|---|---|---|
| 13. 나의 질문에 대해 아버지는 정직하게 대답해 주신다 | 전혀 그렇지 않다 | 대체로 그렇지 않다 | 보통이다 | 대체로 그렇다 | 항상 그렇다 |
| 14. 아버지는 나의 입장을 이해하려고 노력하신다 | 전혀 그렇지 않다 | 대체로 그렇지 않다 | 보통이다 | 대체로 그렇다 | 항상 그렇다 |
| 15. 아버지와 함께 이야기하기를 꺼리는 화제 거리가 있다 | 전혀 그렇지 않다 | 대체로 그렇지 않다 | 보통이다 | 대체로 그렇다 | 항상 그렇다 |
| 16. 아버지와 함께 문제를 의논하기가 쉽다 | 전혀 그렇지 않다 | 대체로 그렇지 않다 | 보통이다 | 대체로 그렇다 | 항상 그렇다 |
| 17. 아버지께 나의 모든 진실한 감정을 표현하기가 쉽다 | 전혀 그렇지 않다 | 대체로 그렇지 않다 | 보통이다 | 대체로 그렇다 | 항상 그렇다 |
| 18. 아버지는 나에게 성가시도록 잔소리를 하신다 | 전혀 그렇지 않다 | 대체로 그렇지 않다 | 보통이다 | 대체로 그렇다 | 항상 그렇다 |
| 19. 아버지는 나에게 화가 나셨을 때 나를 모욕(욕하거나 경멸하는 태도)한다 | 전혀 그렇지 않다 | 대체로 그렇지 않다 | 보통이다 | 대체로 그렇다 | 항상 그렇다 |
| 20. 어떤 것에 관하여 내가 실제로 느끼는 바를 아버지게 말씀드리기가 쉽지 않다 | 전혀 그렇지 않다 | 대체로 그렇지 않다 | 보통이다 | 대체로 그렇다 | 항상 그렇다 |

## 다음 질문은 어머니와 자녀 간의 의사소통에 관한 질문이다

| | | | | | |
|---|---|---|---|---|---|
| 1. 나는 주저함 없이 어머니께 내주장을 이야기한다 | 전혀 그렇지 않다 | 대체로 그렇지 않다 | 보통이다 | 대체로 그렇다 | 항상 그렇다 |
| 2. 나는 때때로 어머니께서 나에게 말씀하시는 모든 것을 믿지 못할 때가 있다 | 전혀 그렇지 않다 | 대체로 그렇지 않다 | 보통이다 | 대체로 그렇다 | 항상 그렇다 |
| 3. 어머니는 항상 나의 말에 귀 기울여 주신다 | 전혀 그렇지 않다 | 대체로 그렇지 않다 | 보통이다 | 대체로 그렇다 | 항상 그렇다 |
| 4. 나는 때때로 내가 원하는 것을 어머니께 요구하기가 두렵다 | 전혀 그렇지 않다 | 대체로 그렇지 않다 | 보통이다 | 대체로 그렇다 | 항상 그렇다 |
| 5. 어머니는 내게 말씀하시지 않아도 될 것을 말씀하시는 경향이 있다 | 전혀 그렇지 않다 | 대체로 그렇지 않다 | 보통이다 | 대체로 그렇다 | 항상 그렇다 |

| | | | | | |
|---|---|---|---|---|---|
| 6. 어머니는 나에게 묻지 않고도 내 느낌이 어떤가를 아신다 | 전혀 그렇지 않다 | 대체로 그렇지 않다 | 보통이다 | 대체로 그렇다 | 항상 그렇다 |
| 7. 나는 어머니와 대화하는 방식에 매우 만족한다 | 전혀 그렇지 않다 | 대체로 그렇지 않다 | 보통이다 | 대체로 그렇다 | 항상 그렇다 |
| 8. 나에게 문제가 생긴다면 나는 어머니께 말씀드릴 수 있다 | 전혀 그렇지 않다 | 대체로 그렇지 않다 | 보통이다 | 대체로 그렇다 | 항상 그렇다 |
| 9. 나는 어머니께 숨김없이 애정을 표시 한다 | 전혀 그렇지 않다 | 대체로 그렇지 않다 | 보통이다 | 대체로 그렇다 | 항상 그렇다 |
| 10. 어머니와 나 사이에 문제가 생겼을 때 나는 종종 어머니께 침묵을 지킨다 | 전혀 그렇지 않다 | 대체로 그렇지 않다 | 보통이다 | 대체로 그렇다 | 항상 그렇다 |
| 11. 어머니께 이야기하는 것이 조심스럽다 | 전혀 그렇지 않다 | 대체로 그렇지 않다 | 보통이다 | 대체로 그렇다 | 항상 그렇다 |
| 12. 어머니와 대화할 때 나는 말하지 않아도 될 것을 이야기하는 경향이 있다 | 전혀 그렇지 않다 | 대체로 그렇지 않다 | 보통이다 | 대체로 그렇다 | 항상 그렇다 |
| 13. 나의 질문에 대해 어머니는 정직하게 대답해 주신다 | 전혀 그렇지 않다 | 대체로 그렇지 않다 | 보통이다 | 대체로 그렇다 | 항상 그렇다 |
| 14. 어머니는 나의 입장을 이해하려고 노력하신다 | 전혀 그렇지 않다 | 대체로 그렇지 않다 | 보통이다 | 대체로 그렇다 | 항상 그렇다 |
| 15. 어머니와 함께 이야기하기를 꺼리는 화제거리가 있다 | 전혀 그렇지 않다 | 대체로 그렇지 않다 | 보통이다 | 대체로 그렇다 | 항상 그렇다 |
| 16.어머니와 함께 문제를 의논하기가 쉽다 | 전혀 그렇지 않다 | 대체로 그렇지 않다 | 보통이다 | 대체로 그렇다 | 항상 그렇다 |
| 17. 어머니께 나의 모든 진실한 감정을 표현하기가 쉽다 | 전혀 그렇지 않다 | 대체로 그렇지 않다 | 보통이다 | 대체로 그렇다 | 항상 그렇다 |
| 18. 어머니는 나에게 성가시도록 잔소리를 하신다 | 전혀 그렇지 않다 | 대체로 그렇지 않다 | 보통이다 | 대체로 그렇다 | 항상 그렇다 |
| 19.어머니는 나에게 화가 나셨을 때 나를 모욕(욕하거나 경멸하는 태도)한다 | 전혀 그렇지 않다 | 대체로 그렇지 않다 | 보통이다 | 대체로 그렇다 | 항상 그렇다 |
| 20. 어떤 것에 관하여 내가 실제로 느끼는 바를 어머니께 말씀드리기가 쉽지 않다 | 전혀 그렇지 않다 | 대체로 그렇지 않다 | 보통이다 | 대체로 그렇다 | 항상 그렇다 |

※ 출처 ; 심리척도 핸드북2 (고려대학교 부설 행동과학 연구소. 학지사 P59) 민혜영(1990) Circumplex Model과 부모-자녀 간의 의사소통 :청소년 자녀를 중심으로 (연세대학교 석사학위 청구논문) Barnes,H.&Olson, D.H (1982) Parent-adolescent Communication, family inventories. Family social science, University of Minesota

# 자아존중감 척도

성명 : (                    ) 남 / 여 : (   ) 날짜 : (     년   월   일)

아래의 문항들은 '여러분이 자신을 어떻게 보느냐' 하는 자신에 대한 생각을 나타내는 문항이다. 여러분의 생각을 잘 나타내 주는 것에 O표 해주시기 바랍니다.

| 문항 | | | | |
|---|---|---|---|---|
| 1. 나는 내가 다른 사람들처럼 가치 있는 사람이라고 생각한다. | 대체로 그렇지 않다 | 보통이다 | 대체로 그렇다 | 항상 그렇다 |
| 2.나는 좋은 성품을 가졌다고 생각 한다 | 대체로 그렇지 않다 | 보통이다 | 대체로 그렇다 | 항상 그렇다 |
| 3.나는 대체적으로 실패한 사람이라는 느낌이 든다. | 대체로 그렇지 않다 | 보통이다 | 대체로 그렇다 | 항상 그렇다 |
| 4. 나는 대부분의 다른 사람들과 같이 일을 잘할 수가 있다 | 대체로 그렇지 않다 | 보통이다 | 대체로 그렇다 | 항상 그렇다 |
| 5.나는 자랑할 것이 별로 없다 | 대체로 그렇지 않다 | 보통이다 | 대체로 그렇다 | 항상 그렇다 |
| 6. 나는 내 자신에 대하여 긍정적인 태도를 가지고 있다 | 대체로 그렇지 않다 | 보통이다 | 대체로 그렇다 | 항상 그렇다 |
| 7.나는 내 자신에 대하여 대체적으로 만족 한다 | 대체로 그렇지 않다 | 보통이다 | 대체로 그렇다 | 항상 그렇다 |
| 8.나는 내 자신을 좀더 존경할 수 있으면 좋겠다 | 대체로 그렇지 않다 | 보통이다 | 대체로 그렇다 | 항상 그렇다 |
| 9. 나는 가끔 내 자신이 쓸모없는 사람이라는 느낌이 든다 | 대체로 그렇지 않다 | 보통이다 | 대체로 그렇다 | 항상 그렇다 |
| 10.나는 때때로 내가 좋지 않은 사람이라고 생각한다 | 대체로 그렇지 않다 | 보통이다 | 대체로 그렇다 | 항상 그렇다 |

※ 출처 ; 심리척도 핸드북1 (고려대학교 행동과학연구소. 학지사. p1174) 이영자(1996) 스트레스, 사회적 지지, 자아 존중감과 우울 및 불안과의 관계(서울여대박사학위 논문)
Rosenberg, M (1965), Society and adolescent self-image. Princeton. NJ; princeton University Press.

# 자기능력 지각척도

성명 : (                    ) 남 / 여 : (   ) 날짜 : (     년     월     일)

나는 누구와 같을까?

다음은 서로 정반대인 A와 B라는 두 명의 아이들이 나옵니다.

이 학교에도 A같은 학생이 반쯤 있고, B같은 학생도 반쯤 있다고 한다.

이 아이들은 여러분과 똑같은 나이의 학생이다. 여러분은 A, B중에서 누구와 더 비슷할까요?

왼편(A)와 오른편(B) 중에서 먼저 한 쪽을 선택한 다음, 얼마나 여러분이 그 아이와 비슷한지를 생각해서. 첫 번째 칸("나와 정말 똑같다?)이나 두 번째 칸('나와 비슷한 편이다")중에 하나를 택해 O표 하세요.

▶ **학업능력 지각**

| | | | A | B | | |
|---|---|---|---|---|---|---|
| 1 | 나와 정말 똑같다 | 나와 비슷한 편이다 | A는 자기가 학교공부를 아주 잘한다고 느낀다 | B는 자기가 해야 할 학교공부를 잘할 수 있을지를 염려한다 | 나와 정말 똑같다 | 나와 비슷한 편이다 |
| 7 | 나와 정말 똑같다 | 나와 비슷한 편이다 | A는 자기또래 아이들만큼 자기가 똑똑하다고 느낀다 | B는 다른 아이들만큼 자기가 똑똑한지에 대해 회의적이다 | 나와 정말 똑같다 | 나와 비슷한 편이다 |
| 13 | 나와 정말 똑같다 | 나와 비슷한 편이다 | A는 학교공부를 끝마치는데 시간이 오래 걸린다 | B는 학교공부를 재빨리 끝낼 수 있다 | 나와 정말 똑같다 | 나와 비슷한 편이다 |
| 19 | 나와 정말 똑같다 | 나와 비슷한 편이다 | A는 배운 것을 자주 잊어 버린다 | B는 쉽게 기억할 수 있다 | 나와 정말 똑같다 | 나와 비슷한 편이다 |
| 25 | 나와 정말 똑같다 | 나와 비슷한 편이다 | A는 학교공부를 아주 잘한다 | B는 학교공부를 그다지 잘하지 못한다 | 나와 정말 똑같다 | 나와 비슷한 편이다 |
| 31 | 나와 정말 똑같다 | 나와 비슷한 편이다 | A는 학교에서 정확한 대답을 잘 못한다 | B는 항상 정확한 대답을 잘 한다 | 나와 정말 똑같다 | 나와 비슷한 편이다 |

▶ 사회능력 지각

| | | | A | B | | |
|---|---|---|---|---|---|---|
| 2 | 나와 정말 똑같다 | 나와 비슷한 편이다 | A는 친구 사귀는 것을 어려워 한다 | B는 친구를 아주 쉽게 사귄다 | 나와 정말 똑같다 | 나와 비슷한 편이다 |
| 8 | 나와 정말 똑같다 | 나와 비슷한 편이다 | A는 친구가 많다 | B는 친구가 그다지 많지 않다 | 나와 정말 똑같다 | 나와 비슷한 편이다 |
| 14 | 나와 정말 똑같다 | 나와 비슷한 편이다 | A는 친구들이 훨씬 더 많은 것을 좋아한다 | B는 자기가 원하는 만큼 많은 친구들이 있다 | 나와 정말 똑같다 | 나와 비슷한 편이다 |
| 20 | 나와 정말 똑같다 | 나와 비슷한 편이다 | A는 항상 여러 친구들과 같이 여러 가지 일을 한다 | B는 대체로 무슨 일을 혼자서 한다 | 나와 정말 똑같다 | 나와 비슷한 편이다 |
| 26 | 나와 정말 똑같다 | 나와 비슷한 편이다 | A는 더 많은 자기또래 아이들이 자기를 좋아해 줬으면 하고 바란다 | B는 대부분의 자기또래 아이들이 자기를 좋아한다고 생각한다 | 나와 정말 똑같다 | 나와 비슷한 편이다 |
| 32 | 나와 정말 똑같다 | 나와 비슷한 편이다 | A는 자기또래들 사이에서 인기가 있다. | B는 자기또래들 사이에서 그다지 인기가 없다 | 나와 정말 똑같다 | 나와 비슷한 편이다 |

▶ 운동능력 지각

| | | | A | B | | |
|---|---|---|---|---|---|---|
| 3 | 나와 정말 똑같다 | 나와 비슷한 편이다 | A는 모든 운동을 잘한다 | B는 운동을 하게 될 때 자기가 잘 하리라고 생각하지 않는다 | 나와 정말 똑같다 | 나와 비슷한 편이다 |
| 9 | 나와 정말 똑같다 | 나와 비슷한 편이다 | A는 운동을 훨씬 더 잘할수 있었으면 하고 바란다 | B는 자기가 운동을 잘 한다고 느낀다 | 나와 정말 똑같다 | 나와 비슷한 편이다 |
| 15 | 나와 정말 똑같다 | 나와 비슷한 편이다 | A는 전에 해본적이 없는 새로운 운동이 어떤 것이든 잘 해낼수 있을 것이라고 생각한다 | B는 전에 해본 적이 없는 새로운 운동은 잘 할 수 없을 것이라고 생각한다 | 나와 정말 똑같다 | 나와 비슷한 편이다 |
| 21 | 나와 정말 똑같다 | 나와 비슷한 편이다 | A는 자기또래 아이들보다 운동을 잘 한다고 느낀다 | B는 자기또래 아이들만큼 자기가 운동을 잘할 수 있다고 느끼지 않는다 | 나와 정말 똑같다 | 나와 비슷한 편이다 |
| 27 | 나와 정말 똑같다 | 나와 비슷한 편이다 | A는 대게 게임이나 운동할 때 직접하는 것 대신에 보는 편이다 | B는 게임이나 운동을 보는 것 보다 직접하는 것을 좋아한다 | 나와 정말 똑같다 | 나와 비슷한 편이다 |
| 33 | 나와 정말 똑같다 | 나와 비슷한 편이다 | A는 밖에서 하는 새로운 게임을 잘 못한다 | B는 밖에서 하는 새로운 게임을 금방 잘하게 된다 | 나와 정말 똑같다 | 나와 비슷한 편이다 |

▶ 자기 존중감

| | | | A | B | | |
|---|---|---|---|---|---|---|
| 2 | 나와 정말 똑같다 | 나와 비슷한 편이다 | A는 자기 자신에 대해 만족해하지 않는다 | B는 자기자신에 대해서 꽤 만족한다 | 나와 정말 똑같다 | 나와 비슷한 편이다 |
| 8 | 나와 정말 똑같다 | 나와 비슷한 편이다 | A는 자신이 살아가는 방식을 좋아하지 않는다 | B는 자신이 살아가는 방식을 좋아한다 | 나와 정말 똑같다 | 나와 비슷한 편이다 |
| 14 | 나와 정말 똑같다 | 나와 비슷한 편이다 | A는 '한 인간'으로서의 자기 자신에게 만족한다 | B는 자기자신에 대해 만족하지 못한다 | 나와 정말 똑같다 | 나와 비슷한 편이다 |
| 20 | 나와 정말 똑같다 | 나와 비슷한 편이다 | A는 지금의 자기 같은 타입의 사람을 좋아한다 | B는 자기가 다른 사람으로 바뀌었으면 하고 바란다 | 나와 정말 똑같다 | 나와 비슷한 편이다 |
| 26 | 나와 정말 똑같다 | 나와 비슷한 편이다 | A는 지금 이대로의 자기자신에게 매우 만족한다 | B는 자기가 좀 달라졌으면 하고 바라지 않는다 | 나와 정말 똑같다 | 나와 비슷한 편이다 |
| 32 | 나와 정말 똑같다 | 나와 비슷한 편이다 | A는 자기가 어떤 일을 하는 방식에 만족하지 못한다 | B는 자기가 어떤 일을 하는 방식이 옳다고 생각한다 | 나와 정말 똑같다 | 나와 비슷한 편이다 |

▶ 자기행동지각

| | | | A | B | | |
|---|---|---|---|---|---|---|
| 5 | 나와 정말 똑같다 | 나와 비슷한 편이다 | A는 자기가 행동하는 방식을 좋아하지 않는다 | B는 자신이 행동하는 방식을 좋아한다 | 나와 정말 똑같다 | 나와 비슷한 편이다 |
| 11 | 나와 정말 똑같다 | 나와 비슷한 편이다 | A는 대체로 옳은 일을 한다 | B는 대게 옳은 일을 하지 않는다 | 나와 정말 똑같다 | 나와 비슷한 편이다 |
| 17 | 나와 정말 똑같다 | 나와 비슷한 편이다 | A는 다른 사람이 기대하는 방식에 맞게 행동한다 | B는 종종 다른 사람들이 기대하는 방식으로 상황에 맞게 행동하지 못한다 | 나와 정말 똑같다 | 나와 비슷한 편이다 |
| 23 | 나와 정말 똑같다 | 나와 비슷한 편이다 | A는 대체로 자기가 한 일 때문에 어려움을 겪는다 | B는 대게 자기가 곤란해질 일은 하지 않는다 | 나와 정말 똑같다 | 나와 비슷한 편이다 |
| 29 | 나와 정말 똑같다 | 나와 비슷한 편이다 | A는 자기가 해서는 안되는 일인 줄 알면서도 어떤 일을 한다 | B는 자기가 해서는 안되는 줄 알면 그 일을 거의 하지 않는다 | 나와 정말 똑같다 | 나와 비슷한 편이다 |
| 35 | 나와 정말 똑같다 | 나와 비슷한 편이다 | A는 스스로 알아서 잘 행동한다 | B는 스스로 알아서 행동하는 것을 힘들어 한다 | 나와 정말 똑같다 | 나와 비슷한 편이다 |

▶ **신체적 외모지각**

| | | | A | B | | |
|---|---|---|---|---|---|---|
| 4 | 나와 정말 똑같다 | 나와 비슷한 편이다 | A는 자기 생긴 모습에 만족한다 | B는 자기 생긴 모습에 만족하지 못한다 | 나와 정말 똑같다 | 나와 비슷한 편이다 |
| 10 | 나와 정말 똑같다 | 나와 비슷한 편이다 | A는 자기의 키와 몸무게에 만족한다 | B는 자기의 키와 몸무게가 달라졌으면 하고 느낀다 | 나와 정말 똑같다 | 나와 비슷한 편이다 |
| 16 | 나와 정말 똑같다 | 나와 비슷한 편이다 | A는 자기 몸이 좀 달라졌으면 하고 바란다 | B는 있는 그대로의 자기 몸을 좋아한다 | 나와 정말 똑같다 | 나와 비슷한 편이다 |
| 22 | 나와 정말 똑같다 | 나와 비슷한 편이다 | A는 자기 신체모습이 달라졌으면 하고 바란다 | B는 있는 그대로의 자신의 신체모습에 만족한다 | 나와 정말 똑같다 | 나와 비슷한 편이다 |
| 28 | 나와 정말 똑같다 | 나와 비슷한 편이다 | A는 자기 얼굴생김새나 머리모양새가 좀 달라졌으면 하고 바란다 | B는 지금 이대로의 얼굴생김새나 머리생김새를 좋아한다 | 나와 정말 똑같다 | 나와 비슷한 편이다 |
| 34 | 나와 정말 똑같다 | 나와 비슷한 편이다 | A는 자기가 잘 생겼다고 생각한다 | B는 자기가 그다지 잘 생기지 않았다고 생각한다 | 나와 정말 똑같다 | 나와 비슷한 편이다 |

※ 출처 : 심리척도 핸드북1(고려대학교 부설 행동과학연구소. 학지사. p64) 이명숙(1994) 기질 및 또래 지지가 청소년의 자기 평가에 미치는 영향: 단지 종단적패널 연구(연세대학교 박사학위 논문) Harter,S.(1982). The perceived competence scale for children. child Development, 53, 1, 87-97.

# 자아개념측정 질문지

성명 : ( ) 남 / 여 : ( ) 날짜 : ( 년 월 일)

다음 글을 하나하나 읽어 나가면서 자기 자신을 가장 잘 나타냈다고 생각되는 번호를 찾아 O표 하십시오. 응답을 고치고 싶은 경우에는 ×표를 한 후 다시 원하는 번호를 찾아 O표 하면 됩니다.

## 1. 일 반

( ) 1. 나는 나 자신을 믿는다.
( ) 2. 나는 별 어려움 없이 쉽게 결정하는 편이다.
( ) 3. 나는 행복한 사람이라고 생각한다.
( ) 4. 나는 항상 기분이 좋다.
( ) 5. 나는 내가 어떤 사람인지를 잘 모르겠다.
( ) 6. 나는 현재의 나에게 만족한다.
( ) 7. 나는 내가 아닌 다른 누군가가 되고 싶다.
( ) 8. 나는 내가 하는 일에 만족을 느낀다.
( ) 9. 나는 나 자신을 잘 알고 있다.
( ) 10. 나는 나 자신을 높이 평가한다.
( ) 11. 나는 성공한 사람이다.
( ) 12. 나는 쉽사리 결정을 잘 못 내리는 사람이다.
( ) 13. 나는 나 자신을 업신여긴다.
( ) 14. 나는 종종 바보처럼 행동할 때가 많다.

( ) 15. 나는 세상이 즐겁다고 생각한다.

( ) 16. 나는 쉽게 포기하지 않는다.

( ) 17. 내 생활은 질서가 없이 뒤죽박죽이다.

( ) 18. 나는 볼품이 없다고 생각한다.

**2. 학급 및 학업**

( ) 1. 나는 수업시간에 이름이 불려지는 것을 좋아한다.

( ) 2. 나는 수업시간에 남들 앞에서 발표할 수 있는 나의 능력에 대해 만족한다.

( ) 3. 나는 수업시간 중에 질문을 받으면 긴장한다.

( ) 4. 나는 반 친구들에게 있어서 중요한 사람이라고 생각된다.

( ) 5. 나는 학교 가는 것을 좋아한다.

( ) 6. 나는 학교에서 인정을 받고 있다고 생각한다.

( ) 7. 나는 학급 일에서 제외된 것 같은 느낌이 든다.

( ) 8. 학교에서 행하는 모든 일에 있어서 나는 반 친구들만큼 잘한다고 생각한다.

( ) 9. 나는 내가 학급에서 불필요하다고 느낀다.

( ) 10. 나는 학급일이 다른 학생들보다 더 어렵게 생각된다.

( ) 11. 나는 학교에서 쉽게 포기하는 편이다.

( ) 12. 나는 수업시간에 무엇을 해야 할지 모르겠다.

( ) 13. 선생님을 도와 드리는 것은 중요하다.

( ) 14. 나는 반 친구들이 하는 일에 흥미를 못 느낀다.

( ) 15. 나는 학교성적에 자부심을 느낀다.

(　　) 16. 나는 학교공부에 만족한다.
(　　) 17. 나는 종종 내가 학교 공부에 적합지 않다고 느낄 때가 있다.
(　　) 18. 나는 내가 학교 공부에서 실패했다고 느끼는 편이다.
(　　) 19. 나는 내가 학문을 하는데 적절치 않다고 생각한다.
(　　) 20. 나는 나의 성적에 만족한다.
(　　) 21. 나는 나의 부족한 학교 공부를 따라갈 능력이 있다고 생각한다.
(　　) 22. 나는 학교 공부를 나중으로 미루지 않고제때에 마칠 수 있다고 생각한다.
(　　) 23. 나는 학교 공부에 관련된 문제를 쉽게 해결 한다고 생각한다.
(　　) 24. 나는 친한 친구보다 더 학교공부를 잘 한다고 생각한다.
(　　) 25. 나는 학급 일을 할 때 중요한 역할을 맡는 것을 좋아한다.
(　　) 26. 선생님들은 대부분 나를 이해하지 못한다.
(　　) 27. 선생님은 나에 대한 기대가 크다.
(　　) 28. 나는 형제, 자매보다 학교공부를 더 잘 한다고 생각한다.

**3. 사 회**

(　　) 1. 나는 친구를 잘 사귀는 편이다.
(　　) 2. 나는 내가 아는 모든 사람을 좋아한다.
(　　) 3. 나는 다른 사람을 대하는 나의 태도에 만족한다.
(　　) 4. 나는 다른 사람들과 사이좋게 지내고 있다.
(　　) 5. 나는 다른 사람들이 하는 일에 대해 관심이 없다.
(　　) 6. 나는 다른 사람과 함께 있는 것을 좋아한다.
(　　) 7. 나는 친구들에게 중요한 사람이라고 생각한다.

( ) 8. 나는 친구들과 정정당당하게 경쟁하고 싶다.

( ) 9. 나는 친절하지 못하다고 생각한다.

( ) 10. 나는 내 삶에 좋은 친구가 필요하다고 여긴다.

( ) 11. 친구들은 나와 놀기를 좋아한다.

( ) 12. 나는 친구들과 사귈 때 가려서 사귀는 편이다.

( ) 13. 나는 친구들과 놀이를 할 때 꼭 이겨야 기분이 좋다.

( ) 14. 친구들은 나의 생각을 좋아한다.

( ) 15. 내 또래의 친구들이 종종 나를 괴롭힌다.

( ) 16. 친구들은 나를 믿는다.

( ) 17. 나에게는 재미있는 일이 많이 생기는 것 같다.

( ) 18. 나는 내 또래 아이들에게 인기가 있다.

**4. 가 족**

( ) 1. 나는 항상 나를 도와주는 가족이 있다고 느낀다.

( ) 2. 나는 행복한 가정의 한 사람이라고 생각한다.

( ) 3. 나는 가족들에게 사랑받는다고 생각한다.

( ) 4. 우리 가족들은 나를 믿는다고 생각한다.

( ) 5. 나는 우리 집에서 불필요한 사람인 것 같다.

( ) 6. 나는 다른 가정에서 태어났으면 하고 생각하는 때가 있다.

( ) 7. 나는 가족들과의 관계에 만족한다.

( ) 8. 나는 가능한한 가족들은 이해하려고 한다.

( ) 9. 나는 가족들에게 정말로 관심이 많다.

( ) 10. 나는 부모님과 즐거운 시간을 보낼 때가 많다.

( ) 11. 부모님은 나에게 많은 기대를 하신다.
( ) 12. 우리 집에서는 아무도 나에게 관심을 보이지 않는다.
( ) 13. 항상 부모님이 나를 강요하고 있는 듯한 느낌이 든다.
( ) 14. 우리 부모님은 나를 이해하시는 편이다.
( ) 15. 나는 부모님과 함께 있으면 즐겁다.
( ) 16. 부모님은 내가 착하기 때문에 나를 좋아하신다.
( ) 17. 나는 우리가족에게 중요한 사람이다.
( ) 18. 나는 집을 나가고 싶을 때가 많다.
( ) 19. 나는 우리 집의 화목을 깨는 원인이다.
( ) 20. 나는 집에서 나쁘게 행동한다.
( ) 21. 나는 내 가족을 더욱 사랑해야 한다.
( ) 22. 나는 우리 식구들과 잘 다투는 편이다.
( ) 23. 나의 가족은 나에게 실망을 느낀다.
( ) 24. 나는 집에 있으면 괴롭다.

**5. 정 서**

( ) 1. 나는 정직한 사람이라고 생각한다.
( ) 2. 나는 명랑한 사람이라고 생각한다.
( ) 3. 나는 내가 도덕적인 사람이라고 생각한다.
( ) 4. 나는 내가 믿을 만한 사람이라고 생각한다.
( ) 5. 나는 쓸모없는 사람이라는 느낌이 든다.
( ) 6. 나는 종종 슬픔을 느낀다.
( ) 7. 나는 나 자신을 존중하는 편이다.

(　　) 8. 나는 항상 모든 일을 잘 해 나간다고 생각한다.

(　　) 9. 나는 나 자신이 강한 사람이라고 생각한다.

(　　) 10. 나는 내가 나쁜 사람이 아닌가 의심할 때가 많다.

(　　) 11. 나는 수줍음을 잘 탄다.

(　　) 12. 나는 겁이 많다.

(　　) 13. 나는 다른 사람들만큼 가치 있는 사람이다.

(　　) 14. 나는 종종 죽고 싶다.

**6. 신 체**

(　　) 1. 나는 매력적인 사람이라고 생각한다.

(　　) 2. 나는 내가 원하는 만큼 잘생겼다고 생각한다.

(　　) 3. 나는 신체모습 중 몇 군데 바꾸고 싶다.

(　　) 4. 나는 호감을 주는 얼굴이라고 생각한다.

(　　) 5. 나는 현재의 나의 외모에 만족한다.

(　　) 6. 나는 손재주가 많다.

(　　) 7. 나는 스포츠게임을 직접 하기보다는 구경하는 것을 더 좋아한다.

(　　) 8. 나는 항상 일을 망치고 다닌다.

(　　) 9. 나는 키가 크지도 작지도 않다고 생각한다.

(　　) 10. 나는 나의 외모 때문에 괴롭다.

※ 출처 : 심리척도 핸드북2 (고려대학교 부설 행동과학 연구소. 학지사 P53). 한상분(1992) 아동의 자아 개념과 가족체계의 기능유형: Circumplex Model을 중심으로 (연세대학교, 석사학위 청구논문)

## ◎ 저자 약력 ◎


### ▶ 오 영 림(吳映林, young Rim Oh)

서경대 행정학과 졸업
동국대 행정대학원 복지 행정학과 졸업
서울여대 대학원 박사과정(임상사회사업학 전공)중

(현) 인제대학교 상계 백병원 정신의료 사회사업가
　　사회복지사 1급
　　정신보건 사회복지사 1급

# "왕따" 청소년을 위한 사회기술훈련

**초판발행일** 2002년 12월 20일
**개정판발행일** 2004년 10월 30일
**3 판 발 행 일** 2010년 10월 20일

**지은이** | 오영림
**펴낸이** | 소정영

**펴낸곳** | 도서출판 하나의학사
**출판신고** | 1988년 4월 1일 제2022-000082호

**주소** | 서울특별시 송파구 동남로 159, 302호(한흥빌딩)
**전화** | 02-730-2555, 2556 **팩스** | 02-730-2557
**이메일** | hanampc1@naver.com
**홈페이지** | www.hanampc.co.kr

ISBN 979-11-91658-12-5 93180